# 华为团队工作法

吴建国 著

华为19万员工
力出一孔的
人才管理法则

中信出版集团 | 北京

图书在版编目（CIP）数据

华为团队工作法 / 吴建国著. -- 北京 : 中信出版社, 2019.12 (2025. 6 重印)
ISBN 978-7-5217-1179-0

Ⅰ. ①华… Ⅱ. ①吴… Ⅲ. ①通信企业－企业管理－组织管理学－工作方法－深圳 Ⅳ. ①F632.765.3

中国版本图书馆CIP数据核字(2019)第229514号

华为团队工作法

著　　者：吴建国
出版发行：中信出版集团股份有限公司
（北京市朝阳区东三环北路27号嘉铭中心　邮编　100020）
承 印 者：北京通州皇家印刷厂

开　　本：787mm × 1092mm　1/16　　印　　张：19　　字　　数：210千字
版　　次：2019年12月第1版　　印　　次：2025年6月第28次印刷
书　　号：ISBN 978-7-5217-1179-0
定　　价：68.00元

# 目 录

## 04 人才成长之道



## 05 文化锻造之道

# 推荐序 1

## 华为的硬风格与软实力

智联招聘 CEO　郭盛

很长一段时间以来，在我眼里，华为都是一家看不懂的企业。

第一次和华为的“亲密”接触，源于 21 年前一次失败的投标。作为麦肯锡的一员，我参与了华为管理咨询项目的竞标。彼时的麦肯锡在中国已经如日中天，算得上是管理咨询界的“教父”。尽管如此，我们仍然极度重视，汇集了很多国际合伙人，熬了好多个通宵，写出了一本厚厚的标书。说实话，我们很少在某个项目开始之前就做如此巨大的投入，尤其是面对当时规模只有几十亿元的一家企业。但未曾想到的是，我们最后却输给了跨界“打劫”的 IBM 公司。

后来的事情大家都知道了，正是在 IBM 的帮助下，华为完成了一次质的飞跃。我那时很迷惑，为什么华为不选择我们这类世界顶级的专业咨询公司，而是找了一家 IT 类的咨询企业？华为的管理视角到底是什么呢？

之后，我又接触了很多华为的同学，他们既让我惊喜也让我迷惑。我们曾经招聘来一位前华为人，他是以我助理的身份入职的。本来以为这位“理科生”能带给我们很多业务流程的套路，结果我却发现，我们最大的收获竟是企业组织的核心管理哲学，包括很多闪烁着华为智慧的金句，例如，“我们呼唤雷锋，但绝不让雷锋吃亏”“金无足赤，人无完人，优点突出的人缺点也同样突出”。这改变了我对华为是一家“硬”企业的认知，并隐约感觉到，华为真正伟大的是“软”实力，是对组织和人性的深刻洞察和理解。

但是我依然存疑，华为的高管基本上都是理工科背景，只讲哲学道理肯定不管用，任正非先生是如何让他们从骨子里由“硬”变“软”的呢?

上个月，我终于找到了深度探秘的机会。我在湖畔大学抢到了吴老师的课，关掉手机，踏踏实实地听了两天。说实话，这两天可以说是我 2019 年最痛苦的两天。对照华为的做法，我们的很多动作都错得离谱。吴老师的课让我如芒在背，每一分钟都坐立不安，但同时又“酣畅淋漓”——知道自己哪里错了，就知道自己该如何去改变！作为企业的最高管理者，一定要看远的地方，做难的事情，找正确的人。“地心引力”会作用于所有人，会不断把我们向下拉，让我们淹没于尘土中。华为的管理机制虽然很难，却可以让我们有活下去的资格和勇气。

在我接触的中国企业中，人才管理是一个老大难问题。正如吴老师在本书后记中所讲的：“无论是正在崛起的新生代企业还是转型之中的传统企业，在人的管理上都是良策不多，能力有限。”吴老师又将人才管理问题引发的后果简单归纳为“六不”，“引不进、选不准、用不好、长不快、调不动、送不走。人的问题无法解决，企业的长期发展也就无从谈起”。

在这本书里，吴老师将以上问题的解决方案娓娓道来。例如，如何通过“精准画像 + 有效比对”来大幅提升人才甄选的准确率，如何通过训战结合的“全真教”来加速培养关键性人才，如何通过“获取分享制”来激发员工的长期动力，如何通过“七步连环”来打造素质过硬的干部队伍，如何通过“三板斧”来构建强大的组织文化，等等。

在我看来，这本书与市场上其他写华为书的最大区别在于“学以致用”。书中包含了大量真实的场景化案例，让读者既能学到方法论，更能理解该方法的适用背景和限制条件，不至于落入“照猫画虎”的窘境。

现在看来，华为并不神秘，吴老师以他的亲身经历和感悟，为我们揭开了华为组织能力建设的面纱。这本书的内容涵盖了华为团队建设和人才管理的核心要点。书中的很多方法，是创业者、企业家和管理者都可以借鉴的。哪怕你只看懂书中的一小部分，只要你实践到底，都会让你的企业大有不同。

知行合一，方能成就事业。感谢吴老师的传播，希望中国出现更多的世界级企业！

# 推荐序 2

## 组织管理和业务战略同样重要

有赞科技创始人兼 CEO 白鸦

对于一个企业来说，最重要的资产永远都不是钱，而是客户和团队，尤其是那些通过享受你的产品和服务获取到价值，信任你的客户，以及拥有共同使命、愿景、核心价值观，并相互信任一起努力向前的团队。

通常，我们用“战略决策”来解决与客户相关的问题，用“组织管理”来解决与团队相关的问题。在企业的日常经营中，我们无数次围绕着客户来钻研和琢磨战略战术、客户价值、财务模型和资源分配等。固然，正确的战略方向是业务成功的前提，但战略的失败往往并不是因为方向的错误，而是团队的执行出了问题。没有一个能够执行好战略决策的组织和团队来匹配战略实施，是企业最常遇到的困难。

我的体会是，组织管理和业务战略同样重要。

组织管理有很多方面，关于人的事情往往既复杂又简单。复杂之处在于有人的地方就会有太多变量，出现问题的随机性很强；简单之处在于人的心理底层是内心深处的某些存在感（更高级一点的是“使命感”）和价值观，底层一致的组织可以很自然地解决随机问题。

所以，组织管理的关键其实是人本身，是使命感和价值观，而这往往又是些很“虚”的东西，看不见摸不着。想要做好组织管理，必须先把问题变得很“实”，“实”到可考核、可激励、可批评、可执行、可复制、可言说。这需要很强的虚实结合能力。

我想象过一本组织管理的书究竟该怎么写才能实用，也在公司内部讨论过很多次，比如，如果给有赞的 TL（团队管理者）和 HR（人力资源）编一个手册，写成什么样才能让他们更好地理解有赞的组织管理理念，并快速上手解决实际工作中遇到的问题。常见的写法应该是先构建一个理论框架，再把很多概念讲清楚，让读者对组织管理的方方面面有明确的理解，有清晰自洽的逻辑架构。但仔细想想，真的这么干，只会把“虚”的事情搞的更“虚”，根本没有实用价值。

几周前，吴老师发给了我《华为团队工作法》的电子书稿，我坐在马桶上，一口气读了几十页，直到腿麻到无感才意识到自己读得太过瘾，因为这是一本真正把“虚”做“实”了的书。

这本书里没有讲什么理论框架，而是将组织管理中最重要的三大场景——招聘（精准选配）、培训（加速成长）、激励（有效激励）——分解成了若干详细的常见“子场景”，然后在每个子场景中给出了一些有效的具体做法和原则，供“司机们”在操作中参考和引用。这本书非常实用有效，像极了一本“武功秘籍”，或是一本“疑难杂症题解”。

吴老师在给出具体做法的同时，还引入了一些组织管理的常用理论，便于读者延伸学习。比如，讲到面试的时候，他给出了很多实用的提问方法以及这样提问的原因，还提供了一些参考样例；讲到能力分级技术的时候也是如此，有兴趣的读者可以继续深入学习。其实，这些华为场景只是组织能力建设的样本案例之一，拿阿里巴巴、腾讯、有赞来举例，同样可以拆解出自己的常见场景，分解出自己企业积累下来的好工具和好方法。

因为每个企业都有各自不同的核心业务，不同的业务性质需要不同的组织管理方式；每个企业的使命和愿景都不相同，发展阶段和当前境遇也千差万别，因此在组织管理的具体做法上需要有很多的不一样。比如，这本书中说，华为定的挑战性目标即使没有完全达成，给的钱也不少；而有赞则不同，有赞鼓励“我们定的目标都是必须完成的必要目标，我们只为结果‘买单’，会给过程‘鼓掌’，创新项目即使没有拿到数字结果，也应该有创新探索之后对于该方向的准确认知作为‘结果’”。再比如，华为的核心价值观是“以客户为中心，以奋斗者为本”；而作为一个商家服务公司，有赞以“给客户创造价值，并获取价值”为核心价值观。

我非常推荐大家在读这本“武功秘籍”的时候，除了学习那些大部分可以拿来即用的“招术”，还应该一边阅读一边训练自己的“内功修为”。因为，书中除了讲“华为怎么做”，也交待了“为什么这么做”。我们更应该关注华为在每个子场景的处理方式和原则背后是什么逻辑，从而深刻把握“我们企业在自己的场景下究竟应该如何做”。

这本书尤其适合团队管理者、创业者和人力资源管理者来阅读，既能帮助我们解决实际工作中遇到的问题，又能引发很多的思考，启发我们建立适合于自己的组织管理体系，配合战略决策做出更有效的执行。

感谢吴老师第一时间让我读到这么精彩的“武功秘籍”，同时期待吴老师继续列举企业团队管理中更多的场景，并带给我们在组织管理上的更多思考。

自序

# 人才管理能力，是企业的核心竞争力

2018年末，我在深圳参加了一个企业家朋友的聚会。聚会刚一开始，一位老弟就发问："吴老师，华为为什么会如此成功？"我说："道理很简单啊，因为华为有个任正非。"显然，这不是他想要的答案，于是他又接着问："任正非凭什么能让华为这么成功？"我说："直接给答案的不是好老师，你们先集体讨论，之后我再说我的观点。"

大约30分钟之后，在座的20多位企业家达成了一致意见。他们认为，华为之所以有今天，是因为任正非是人性大师，他把华为的人才管理做到了极致。

说句心里话，这个问题我也思考了十几年。记得2006年出版《华为的世界》的时候，我得出的结论是：一是拥有一个伟大的梦想，二是无论遇到多么大的困难都不放弃。

这几年我渐渐明白，能够做到以上两点的企业其实挺多，但是，真正把人才管理做到极致的却难得一见。先有人才，再有业绩，说的人很多，任正非却是真正能做到的为数不多的一位企业家。

1997 年，在《华为基本法》的起草过程中，起草小组的一位教授问任正非："人才是不是华为的核心竞争力?"任总答道："人才不是华为的核心竞争力；对人才进行有效管理的能力，才是企业的核心竞争力。"

我认为，这就是华为最核心的经营理念。中国的很多企业，都可以聚集到一批优秀人才，却无法形成强大的价值创造能力，或者只是阶段性地具备很高的价值创造能力，走着走着就渐渐无力了。

华为则不然，从创业到现在的 32 年里，华为团队一直保持着极高的价值创造能力。任正非硬是把一个"倒买倒卖"起家的贸易公司，带成了今天拥有世界级核心能力的公司。

任正非曾经给我讲过一段孙亚芳的成长故事。孙亚芳一进华为就向任正非请战，希望能够到市场一线去工作，任正非却让她先负责营销人员的培训。作为一名来自外企的营销高手，孙亚芳对这样的安排相当不解。任正非对她说："我们公司的营销人员，都是从青纱帐里出来的，头上扎着白头巾，手里抱着土地雷，腰里别着手榴弹，去端鬼子的炮楼。这种游击队的打法可以得逞一时，但不能长期持续。让你来负责培训，就是要你帮助华为解决市场营销队伍从游击队走向正规军的问题。"孙亚芳被说服了。在将华为的销售队伍轮训一遍之后，她才被派往市场一线，从区域营销经理、市场部副总裁、市场部总裁、公司常务副总裁，后来坐上了公司董事长的位置。

任正非总结说，如果当时我立即让她去负责一个区域市场，或许能够给公司多带来数千万元的利润，但没有好的队伍，未来的损失将难以估量。

1998 年定稿的《华为基本法》，其中分量最重的一句话就是："我们强调，人力资本不断增值的目标优先于财务资本增值的目标。"这句话其实挺让人费解，其意义何在呢？

首先，人才是企业长期增长的动力源。一到总结教训的时候，企业家往往会说营销没有做好、产品不够先进、供应链管理能力不足。但究其根本，还是人才队伍没有管理好，否则以上问题都可以找到解决方案。

"书到用时方恨少"是中国的一句古话，而企业家们更明白"钱到用时方恨少"。但很少有人能深刻地理解：人到用时才是真的"方恨少"。"十年树木，百年树人。"人才管理是一项战略性投入，不可能在短期内见效，必须要放到最高优先级的位置并长期坚持下去。

其次，人才管理更深一层的含义，就是让企业可以摆脱对个人能力的高度依赖。

> 1997 年底，任正非把我从研发系统调到了人力资源部。当我问及工作职责的时候，任正非只说了一句话："让你负责人力资源管理，就是希望在 3~5 年之内，选拔并培养出来 100 个李一男、李二男、李三男，100 个郑宝用、郑狗用、郑屁用。"
>
> 2000 年，李一男离开华为创业；2001 年，郑宝用得了脑癌去美国治病。任正非在失去左膀右臂之后，华为的战舰依然破浪前行。我这才明白他老人家当年的那份良苦用心。

在我眼里，华为不仅仅是一家经营通信网络解决方案的公司，更是一家经营人才的公司，再由人才的不断增值支撑业务的长期健康发展。

那么，华为究竟是如何做到的，其中又有哪些地方最值得其他企业学习呢？

这就是我撰写本书的初衷。既要阐述华为人才团队的管理之道，更要在术的层面给出一些操作性建议。限于篇幅，本书只能聚焦下图三个最核心的方面。

华为人才团队三位一体的管理之道

本书共八章：前三章主要是总结华为在人才选拔与团队搭建方面的核心做法；第四章和第五章，主要是提炼华为在人才培养与文化传承方面的过人之处；第六章到第八章，则是就华为在激励机制与组织活力方面的要点进行解析。

最后，还是想提醒一下读者，这本书只是我个人的阶段性解读，既不可能准确无误，更不可能达到任正非的认知高度。另外，向华为学习本来就是一件苦差事，理解真经不易，在自己的环境中用好更难。因此，敬请各位且学且批判，万不可使用“拿来主义”。

# 01

# 人才选配之道

## 精准选择，合理配置

“企”之一字，有“人”为企，无“人”为止；先要有人，才有业绩。人是企业的根基。而“人”之一字，捺在撇上为“入”，撇捺分开为“八”，交叉则为“×”；只有合适，方为有用之才。企业发展，在于选人；而选人之道，在于精准。

# 选人要有尺子：建立岗位用人标准

在我接触过的企业当中，大多数企业管理者都认为，自己在选人这件事情上独具慧眼。但是作为一个专业“猎手”，我先要打击一下各位的这种自信。

美国管理协会曾经就企业选人的准确程度进行过大范围调研，最后发现美国企业的人岗匹配率只能达到50%。即使是通用电气的传奇首席执行官（CEO）杰克·韦尔奇，也在自传《赢》中披露自己用了30年的时间，才将人才的甄别率从50%提高到了80%。从市场经济的发展程度来看，处于先发位置的美国企业人岗匹配率尚且处在半对半错的状态，中国企业想要做得更好其实很难。

那么，为什么企业选准人才这么难呢？这里有一个非常关键的问题——选人陷阱。企业选人其实和个人选择伴侣很像，之所以经常出现遇人不淑的现象，主要原因就在于，当人们在热恋时，情商会无限放大，智商则会无限降低。在这种情况下，我们会更加倾向于从情感而非理性的角度做出判断。而企业管理者在选取人才时，同样会出现“一见钟情”的情况。应聘者通常都希望得到一份工作，所以在面试过程中，会竭尽所能、想方设法地博得面试官的青睐。基于这种心态，难免会有人为了被录用而选择夸大事实甚至造假，让面试官感情用事，产生误判。

当然，一言不合就轻下结论的现象也时有发生。由于个别应聘者的言谈举止或者面试官的经验误区，面试中以偏概全或者一叶障目的情况也很常见，最后的结果就是选错容易、选对很难。

那么，企业应该如何跳出选人陷阱呢？

最重要的是要建立岗位人才标准，这其实就是一把尺子，即使尺子不是完全量化的，但是也比单纯靠主观印象进行选择要精准得多。

这把尺子通常有两个维度，第一个维度是该岗位的能力素质要求，第二个维度是个人的价值观是否与企业的核心价值观一致（如图 1-1 所示）。

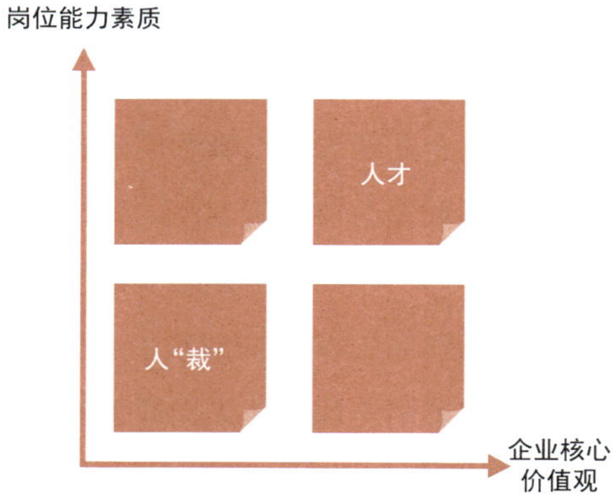


图 1-1　企业人才选拔的“尺子”

如果在这两个维度上人与企业的要求都能完美契合，那么这个人就是企业所需要的人才。同样的道理，如果两个维度都不匹配，自然就是企业需要放弃的。但现实中，这两种绝对的情况并不多见，大多数应聘者都属于能够适配两者其中之一的相对人才。譬如，有人符合企业岗位的能力素质模型，但与企业的核心价值观不一致；有人认同企业的核心价值观，但自身能力存在一定欠缺。面对这种情况，是能力优先还是价值观优先呢？在这里，可以明确地告诉大家，从长期来看，价值观的重要性要远远超过能力素质。

就短期而言，价值观存在问题并不会对新人施展才能产生不良的影响，但从长远的角度出发，随着工作的逐渐深入，价值观的差异会让员工与企业之间的嫌隙逐渐放大。对于企业而言，这无异于一颗不定时炸弹，一旦爆发就会产生重大的不利影响，而且能力越突出，对企业的负面影响越大。因为能力强的员工，大多会在工作中积累很多资源和影响力，这些资源包括同事、客户、合作伙伴等。无论这些与企业核心价值观相左的人是否离开公司，都会对企业造成巨大的伤害。

很多行业中的领先企业，同样也会出现很多因价值观不合而对企业产生不利影响的情况。最后，这种矛盾总是以某个“能人”的黯然甚至愤然离职而告终。

TCL 的李东生和万明坚就是因为价值观存在巨大差异，最终没能延续合作。联想的柳传志和倪光南也是如此，虽然共同创业取得了阶段性成功，但因为在企业发展理念上的巨大差异，最终也分道扬镳。能力超强的人才，由于有价值观的鸿沟，最终也只能“分手”。华为公司内部也曾经出现过任正非与李一男之间的价值观冲突，即使任正非一再挽留，李一男最终还是离开了华为，并引发了长达 6 年的“父子”大战。

从这些曾经发生过的事件当中我们不难看出，与其在价值观不符的人身上耗费时间和精力，不如选择那些虽然能力有限，但既具有成长空间，又对企业的核心价值观持认同态度的人。这些人在成才之后往往会成为企业的中坚力量，长期陪伴企业成长。在这方面，阿里铁军就是一个很好的范例。华为 99% 以上的高级领导者，也都是通过十多年的磨炼成长起来的。

当然，这并不是说企业在选择人才的时候，能力素质就是不重要的因素。即使价值观一致，这个人也得有一定的能力基础，否则就无法完成工作目标。

> 曾经有一家线上消费品零售企业准备开展线下业务，他们通过猎头公司找到了一位线下零售店面的操盘手。此人背景强大，过往业绩突出，但实际拓展店面工作效果很差。通过分析发现，问题出在此人的能力与岗位需求严重不匹配。甄选时企业看重的是他突出的运营能力，但拓店能力却一塌糊涂，而这恰恰是这个岗位最需要的关键能力。
>
> 经过调整，这家企业迅速转变了招聘方向，找到了与该岗位需求最匹配的人选，并辅以具备运营管理能力的人才来搭档，企业的线下业务迅速发展起来。

1997 年，任正非曾经说过一句话：当你用一个人的时候，先别管这个人强还是不强，你要告诉我你究竟让他做什么，也就是说他的能力是否与你想让他做的事情匹配。以我对中国企业的观察，大多数企业并没有充分考虑这个问题。某些岗位的人才即使某方面才华出众，却有“英雄无用武之地”之感。

归纳而言，从企业的长远发展来说，选人首要考虑的应该是价值观因素，其次是能力素质与岗位要求的匹配程度。正如俗语所言：把合适的人放在合适的岗位。

## 看人要有慧眼：
## STAR 行为面试法

选对人才，单纯只有标准是不够的，拿到了“尺子”，还要知道衡量的方法。人力资源管理领域有一个常识性认知：所有的测评工具都是辅助手段，只有面试是关键的甄别手段。全球最强的企业、猎头公司都是如此。

> 1998 年，在我刚刚进入华为人力资源部的时候，华为的人才识别率水平很低，任正非自己也只能达到 50% 的准确率。为了解决这个问题，任正非给我布置了一项任务——寻找经验丰富的招聘专家到我们公司。最终我们成功地把一家著名外企的中国区招聘总监挖了过来。
>
> 她到岗以后，在三个月内解决了三大问题：第一个问题，先确定重点岗位的关键岗位职责和关键能力素质要求，然后根据能力要求进行评估；第二个问题，设计每个不同岗位的面试问题，建立面试题库；第三个问题，对公司所有可能担当面试官的人员进行培训，考试通过后持证上岗，这些人员包括各级管理者和中高级专业人士。之后，华为的人才识别能力产生了质的飞跃。

经过三年的努力，华为的平均人才识别率从 30% 提高到了 50%。但截至目前，中国企业的这一数字仍然徘徊在 30% 左右。对于招聘面试的认知高度，大多数企业落后华为不止 20 年。

至此，我相信大家应该都了解了面试在人才选配过程中的重要性，但我们又应该如何做呢？这也正是我接下来要讲的核心内容。

关于面谈工具，业界的最佳方案就是 STAR 行为面试法。其中，S 代表 situation（情景），指的是面试者过去工作的背景情境；T 代表 task（任务），指的是面试者在过去曾经承担的工作任务或角色；A 代表 action（行动），指的是面试者在过去工作中具体的操作和执行；R 代表 result（结果），指的是面试者过去曾经做出的成绩。用一句话来概括这个面试方法就是：在什么情况下，承担什么任务，采取什么行动，最后结果如何（如图 1–2 所示）。

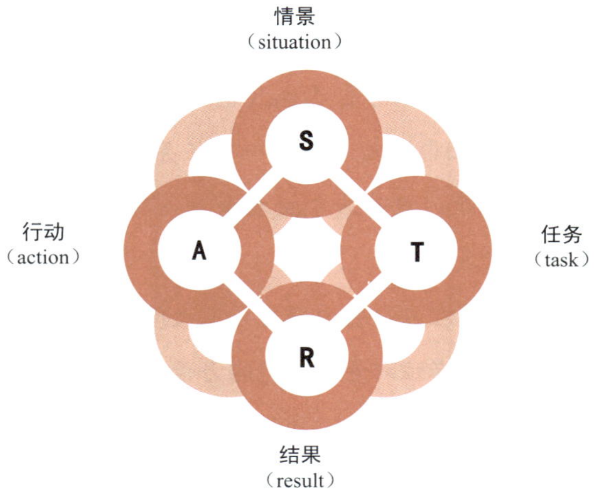


图 1–2　STAR 行为面试法

华为成长初期，面试提问的方式经历了三个阶段。早期的时候，我们提问的都是一些低价值问题，最典型的就是询问一位管理者带队伍的能力如何，或者询问一位营销人员的销售能力如何。这样一来，对方只能说自己水平很高，你得到的有效信息寥寥无几，而且无形中也鼓励了信息造假。

之后，我们开始提问面试者的优缺点。这种类型问题的提问效果其实也很有限。为了获得工作，大多数应聘者都会夸大自己的优点，隐藏自己的致命缺点。

学会STAR面试法之后，我们提问的水平大幅提升。这个方法就是问面试者过去是如何进行工作的。但这类询问过去行为的问题，需要满足几个条件：第一，他之前从事的工作所体现的能力和他面试的岗位要求高度一致；第二，提问的问题必须是所谓的巅峰问题，也就是说问题要具有挑战性，从而引导面试者在剧烈的冲突面前展现真实的自我；第三，提问的问题是最近一两年内发生的，与他现在的状况要比较接近。

就像我们喜欢看的电视剧，制造冲突，构建跌宕起伏的剧情，才能充分展示人性。具体到STAR面试提问，必须要把握两个要点：一是行为与岗位要求高度匹配，二是体现出巅峰场景的体验性。

当然，这种表述依然比较抽象。有经验的面试官在面试之前，对于同样的岗位，会根据面试者的具体情况和应聘岗位设计不同的问题。以营销岗位为例，面试者通常会被分成两种类型：一种是基本没有销售经验的应届毕业生，另一种是具备两年以上销售经验的应聘者。

## 无经验的工作者

应届毕业生刚刚离开校园，一般缺乏相关的工作经验，这时候只能考量他们的底层素质是否能满足营销岗位的需求。首先，是人际理解力，即一种在最短的时间内理解对方需要什么的能力。营销工作的本质，不是把自己最好的一面展示给对方，而是把对方最需要的一面展示给对方。其次，是口头沟通的能力。作为一名销售人员，你要有效地表达自己的想法，描述自己的产品。最后，是韧性。销售是世界上最容易被对方拒绝的一个职业，所以必须有强大的内心和坚持不懈的态度。

以上三项素质中，最关键的一项就是人际理解力。口头表达能力不足，可以通过反复不断的训练提升，但是人际理解能力不够，往往很难改变。实践也证明，人际理解力的高下，是没有经验的候选人是否胜任营销岗位最关键的素质。

下面以人际理解力为例，给出 STAR 面试问题的具体设计：

**1. 请举例说明，你如何解决与父母之间发生过的一次重大冲突或矛盾？**

这类问题基本上不会失手，因为几乎所有年轻人都跟自己的父亲或者母亲产生过冲突或矛盾。在这些冲突或矛盾中，大部分人都会从自己的角度来分析，比如，“我父母年龄大了，跟不上时代发展了”。很少有人能够站在父母的角度想为什么会发生冲突，也不理解世界上最爱他们的人就是父母。而这极少数的一部分人，恰恰就是我们真正想要得到的员工。

**2. 请举例说明，你如何解决与室友之间发生的重大冲突或矛盾？**

相比家庭环境，同学之间的关系更加平等。这个时候，通过了解面试者如何解决与室友的冲突，可以更加深刻地认识到面试者更加倾向于站在自己的角度还是对方的角度思考问题。根据问题的答案可以筛选出人际理解力相对较强的人才。

**3. 举一个例子，谈谈你是如何从失恋中走出来的？**

失恋对一个人是巨大的打击，而且往往会伴随怨念的滋生。在这种情况下，如果面试者还愿意坦诚剖析自身的问题，而不是指责对方，那么他的人际理解力基本没有问题。但在这里必须要注意，恋爱问题毕竟相对私密，有些时候面试者不一定愿意倾诉真实的原因，所以，面试官要学会深挖背后的真实原因。

这三个问题都是存在深刻的矛盾和冲突的场景，这就是所谓的巅峰问题。在剧烈的冲突刺激下，面试者撒谎是过不去的；在剧烈的冲突场景下，苍白的描述、磕巴的表达都会成为戳穿自己的证据。这样，面试官就能有效地掌握面试者的“庐山真面目”。

## 有经验的工作者

对于有经验者，素质也要考量，但往往不是关键，关键是看他的素质有没有转化成有效的营销技能。经过 20 多年的实践探索，我们提炼出了三项最核心的营销专业技能。第一，营销策划能力。作为有经验的销售者，不管是负责区域还是负责大客户，都应该知道客户需要什么，客户分布在哪里，用什么打法来实现成功的行销。第二，客户关系能力。营销始终是一个与人打交道的工作，新客户第一次见面能不能建立良好的关系，能不能和老客户维持良好的关系，都会直接关乎最终的销售效果。第三，成交签单能力。营销的目的是将自己的产品或者服务卖出去，没有成交结果，前两项也是白费。

对于这类有经验的工作者，提问的重点应该侧重于他之前工作中的关键细节。比如在营销策划能力方面，问题可以是：

- 请举例说明一下，过往一位关键客户的需求是什么？
- 主要竞争对手是谁？
- 竞争分析的过程和判断结果是什么？
- 对本行业发展趋势是如何判断的，为什么？

在客户关系方面，问题可以包括：

- 用一个最典型的例子说明你是如何拓展一位新客户的？
- 再举一个例子，说说你如何维持和老客户之间的关系？
- 关键客户流失的原因是什么？请举一个你遇到过的最典型例子。

在成交签单能力方面，问题应该是：

- 近期成功拿下的一个最大订单是什么？
- 你在这个项目中主要做什么？
- 在业务洽谈中，你的主要竞争对手是谁，你采取了什么策略，最终的销售业绩如何？

这些问题都和面试者过去的工作经历有关，而我们作为面试官也能从他对自己经历的具体描述中，寻找到一些可以体现他工作技能的蛛丝马迹。

本章加餐给出的一系列表格是一家企业的关键岗位工作技能和面试参考问题，供读者根据自己企业的实际修订使用。

# 德才兼备：
# 找到匹配企业核心价值观的人才

在前面的章节中我们已经讲过，企业的人才选配标准有两个维度，一个是能力素质，另一个是价值观的契合程度。利用STAR行为面试法，我们可以高效地了解到面试者的个人能力模型。在此基础上，我们还需要对面试者的价值观进行审核，筛选出与企业核心价值观一致的人才。

我们常常讲："德才兼备，以德为先。"其实这个"德"不好评价，因为它太过主观。对于企业来讲，"德"可以简单地理解为是否认同公司的核心价值观，而不要过多地谈论其他。因为每个人都可以有自己的爱好和价值取向，比如有人喜欢娱乐，有人喜欢美食，有人喜欢运动，这些都有可能和面试官的个人喜好不一致。不同民族或者不同文化背景之间更会因为宗教信仰或社会习俗的不同而产生行为分歧，但是这些问题对公司的经营无关紧要。只要大家认同公司的3~5条核心价值观，就具备了通力合作、共同推动公司发展的底层基础。比如，跨国企业完全可以在文化差异巨大的国家取得成功，许多公司中不同宗教信仰的员工也能求同存异，和谐共生。

一家企业，通常不会只有一条核心价值观。2019年9月10日，阿里巴巴全面升级了使命、愿景和价值观，宣布了"新六脉神剑"。"新六脉神剑”为：客户第一，员工第二，股东第三；因为信任，所以简单；唯一不变的是变化；今天最好的表现是明天最低的要求；此时此刻，非我莫属；认真生活，快乐工作。在每一条价值观之下又有具体的各种细则。我们不可能从所有细节处着手，逐一判断面试者是否与企业的价值观一致，这样的面试不仅效率很低，过于冗长的面试也会让候选人产生厌恶情绪。

为了兼顾质量和效率，企业应该抽出认为当下最重要的 2~3 条核心价值观来提问，并做出评判。

以华为为例。相信大家也都耳熟能详，华为最核心的价值观只有两条：一是以客户为中心，二是以奋斗者为本。我们在面试价值观的过程中，主要考量这两条的吻合度。

**以客户为中心。**

首先要简单理解什么样的人未来更容易做到以客户为中心。总结下来，就是这个人是不是抱有“利他”之心，不是那种偏好满足“己利”的人。这种人通常会站在对方的角度思考问题，也只有这样的人才有可能将来做到以客户为中心。在华为，无论是从事销售工作还是其他类型岗位的工作，都需要具备这种基本价值取向的人才。

在考量面试者是否利他的时候，可以用到我们上一节中学到的知识，就是人际理解力中的某些 STAR 行为面试问题。通过面试者在解决人际冲突中所展现出来的具体行为，我们就能够快速判断出他的行事方式是出于利他还是利己。

**以奋斗者为本。**

判断面试者是否符合“以奋斗者为本”的核心价值观，我们一般会提出两个问题：首先，面试者是否经历过较大的磨难或挫折；其次，面试者是如何克服这些曲折与坎坷的，并让他列举自己过往最典型的事例来说明。

第一个问题通常都会得到肯定的答案，即使实际生活中没有遇到过任何艰难险阻，面试者也会“矬子里拔将军”，寻找一些自己遇到过的困难进行描述。因为一旦说出没有，会显得自己像是“温室里的花朵”，没有克服困难的能力。但这个问题的答案其实并不重要，重要的是面试者所认知的磨难或者挫折是否具有普遍意义。比如，对于一些从小在父母溺爱下成长起来的孩子，他们认为在阳光暴晒下工作，或者被客户误解就是很大的磨难了。但实际我们都知道，对于企业工作而言，这些都是家常便饭。所以，对于这类没有经历过困难挑战的人，我们录用时会非常谨慎，因为我们非常清楚，进入华为将面对各种巨大的挫折和压力，长期在顺境中成长的人绝大多数都扛不过去。

第二个问题其实考量的是面试者解决难题的动力与能力。因为奋斗精神不单纯是直面困难的勇气，更多的是在恶劣的环境中找到破局的方法并勇往直前。面试者在艰难险阻中解决问题的亲身经历，可以直观地表现出他的奋斗能力。

## 面试问题的选择要点

归纳下来，为了高效率地选对人才，在面试问题选择上，重点要把握以下三个要点：

### 选取核心价值观和岗位能力要求中最重要的问题

按照国际惯例，一次面试的时间一般为 30~40 分钟，太长时间就会让面试者产生厌倦。因此，我们必须要聚焦重要方面的关键问题来提问。

按照多年的经验，我建议选择最重要的三项关键能力或者素质，每项能力或者素质各提出 2~3 个关键问题。同时，聚焦两项最核心的价值观，也是提出 2~3 个关键问题。这样，通过 9~12 个关键问题的探询，就可以做出候选人是否“基本靠谱”的准确判断。

### 问题的巅峰性

在介绍 STAR 行为面试法的时候我们提到过，问题的冲突感不够强烈，就无法深度探视到面试者的内心世界。为了保证可以获取面试者的真实信息，面试官提出的问题一定要具备深刻的矛盾和激烈的冲突，这就是所谓的巅峰问题。

### 从细节处分析真实性

我们还必须关注面试者回答问题及表情动作中的关键细节，从中发现他们是在阐述一个客观的事实，还是在绞尽脑汁地编故事。

## 规避面试官的自我保护心态

除了掌握基本的面试方法之外，面试过程中，还有一个普遍的问题需要注意，就是许多企业的管理者倾向于招募低水平的人。这是出于一种本能的自我保护心态。首先，能力越强的员工越难管理，害怕自己驾驭不了；其次，优秀的人才在未来有更大的可能达到更高的高度，可能会对主管的地位造成威胁。由此就出现了“武大郎开店——不容大个儿”的情况。我们应该如何解决这个问题呢？

### 团　面

所谓团面，就是集体面试。你如果发现企业的部分管理人员存在自我保护倾向，那么最不伤人的做法就是采取集体面试法。比如，我们可以组织 3~5 人的面试小组，除了有自我保护倾向的一位面试官之外，其他几位都可以基本做到客观公正。这样一来，“武大郎开店”的情况就能得到有效遏制，从而更容易选出最适合的人才。

### 设定挑战性的工作目标

如果企业给管理者设定的工作目标具有足够的挑战性，“武大郎开店”的情况就会大幅减少。以招聘部门为例，通常企业会设定“招聘计划完成率”之类的指标，这其实是管理上的疏漏。如果我们给招聘部门设定的目标是“关键岗位人才的及时到岗率”，挑战性就会明显加大，部门负责人组建团队的时候就会更加小心。因为一旦招来的人业务能力不强，他就完不成部门目标，这样就会倒逼他去选择更合适的人才。

### 直截了当地纠正

无论从何种角度解读，面试官自我保护的情况都是在损害公司的利益和个人的发展。因此，如果多次出现这样的问题，在使用了前两种方法依然没有改善的前提下，我们必须直截了当地规劝他纠正错误，屡教不改的必须调离管理岗位。在避免面试官自我保护方面，华为一直做得很好。

华为的初次面试通常都是由两个或两个以上的工作人员进行面试，其中一个是人力资源部门的员工，另一个一般会是岗位相关部门的负责人。如果其中一个人有私心，另一个人会起到监督作用。在初次面试之后，通过的面试者还会接受至少一轮的复试。如果在复试中发现面试者在价值观或能力方面存在明显问题，负责初试的负责人会受到批评。同时，华为也对新员工绩效进行了系统评估，如果招聘进来的新人在一定时间内业绩符合预期，那么负责招聘和面试的工作人员也会得到奖励。但如果在实践中证明招来的人是个庸才，面试官也会被告诫改正，直至取消面试官资格。

我们总是在说，人才是企业最宝贵的财富，但唯有选对人才，才会为财富增值奠定坚实的基础。

# 人才融合：融入才能创造价值

前面我们一直强调要选对人，但选对人不是目的，人才只有融入组织，才能为企业创造价值。很多公司的招聘就像一个大型漏斗，一头拼命地狂招，一头大量地流失，这个问题同样要引起重视。

招到企业需要的人才之后，还要加快他们融入企业的速度。人才越快融入企业，就能越早地为企业创造出价值。这里，推荐几种人才有效融入的方法供大家借鉴。

## 基层新员工的思想导师制[1]

新员工都有“七天之痒”，也就是说，刚刚踏入公司的第一周，是新员工是否愿意继续在这里发展的关键阶段。想要加速基层新员工融入企业的速度，就要有人来充当思想导师的角色。

这个思想导师不是新员工的直属上司，通常由在公司至少工作了两年，同时高度认同公司核心价值观的老员工担任。思想导师的工作

[1] 思想导师制，也可称为指导员制。华为人才机制的不同阶段有几种不同的导师称谓，比如思想导师、导师、指导员等，本书都会涉及，内涵差别不大，意思可以视为基本相同。

不是帮助他们解决工作上的问题，而是致力于协助新员工解决思想和生活问题。比如，请新员工吃饭，谈谈心，缓解他们在新环境中产生的紧张感；告诉员工哪里的居住环境好，哪里可以休闲娱乐，等等。总之，就是关心体贴他们，加速融合并降低新员工的主动离职率。

## 高级管理人才“降落伞”计划

除了自己从基层逐步培养出高级管理者，企业还需要招募少量关键岗位的管理者，尤其是当企业进入新的领域，或者原来的管理者无法胜任更高要求的时候。招募高级管理人才时会遇到一个不可避免的痛点，那就是“空降兵”存活率极低。中国企业“空降兵”的平均存活率不超过10%。

这里的“空降兵”，主要指直接进入公司中高层管理岗位的外部人才。虽然这些人能力过硬，但因为和同事的关系陌生，以及对企业业务的不熟悉，流失率长期居高不下。想要破解这个难题，就必须制订完善的“降落伞”计划，帮助他们成功落地。

### 专人融入计划

专人融入计划是国际上被验证的最有效方法。在“空降兵”进入公司之后，必须有专门的高管（包括首席执行官本人）负责该高级人才的快速融入，也就是由这位指定的高管来进行思想辅导、工作辅导、冲突处理等。如果因为辅导不到位而导致合格的“空降兵”离职，这名高管要承担连带责任。

### 职责不一步到位

虽然“空降兵”具备足够的能力胜任目标岗位，但是千万不要让他一上来就履行目标岗位的全部职责。因为他对下属都不认识，同时也不了解公司的运作规则和制度，马失前蹄的风险极大。这个时候可以先给他 2~3 个月的过渡期，让他从正职助理或副职的角色起步，然后再逐步加大职责范围。当然，待遇还是要给正职的待遇，不能违反录用时的承诺。同时，要就逐步上位的“降落伞”计划与“空降兵”沟通，达成一致的理解。

### 最高领导者的作用

企业的最高领导者在“空降兵”降落的过程中也必须承担责任。特别是在“空降兵”进入公司但还没有完全融入的阶段，最高领导者要通过面对面、会议、电话、网络沟通等形式，频繁地跟其他高管充分互动，让其他管理者理解“排异”是组织的自然现象，每个管理者都需要用开放包容的态度看待大家在做事风格、行为举止上的差异。只要不是核心价值观上的冲突，就不能用谁是谁非、你死我活的态度来对待“空降兵”。

以上三管齐下，“空降兵”的存活率会大幅提升。

## 高级人才引入的系统性解决方案

当然，高级人才真正融入企业，还将面临企业内部环境治理的问题。这里，我们给出最重要的三个解决方案。

### 先走专家路线

企业除了需要引入管理者，还需要引入各类专家型人才。专家型人才的融入相对容易一些，开始阶段用好他的专业能力就能直接创造价值，既不需要带队伍，也不需要深刻理解和把握企业管理规则。因此，刚刚引入的管理者，我们可以让他们先从专家或者顾问做起，对企业环境和团队成员的认知达到一定程度之后再转为管理者。

20 年前，华为的供应链是 IBM（国际商业机器公司）帮忙搭建的。当时，我们就想招聘一名 IBM 的供应链高手，来做供应链业务的负责人。但是招到之后发现，跨国公司的高级管理人才很难融入华为的文化，工作举步维艰。但是这个人的专业能力非常突出，因此，我们就把他的职务从供应链负责人调整成为供应链首席专家，这样他就不用在团队管理上费心，可以一门心思去解决业务上的疑难问题。调整之后，他很快就步入了正轨。

### 主管调整

某些时候，新进人才会与自己的直接主管之间产生隔阂，而这种不默契，很多情况是由双方性格特点造成的，没有对错之分。比如，我就喜欢和抓大放小型的领导一起共事，很幸运的是，我在华为的第一任领导就是郑宝用。回想起来，如果当时的领导是一位“细节决定成败”的领导，我估计很难坚持下去。因此，有些情况下，调整“空降兵”的直接领导也是一种让人才有效融入的策略。

### 独立成长

有时引进的人才能力特别强，也很坚持自己的风格，据此判断，他跟企业现行系统的冲突在所难免。这个时候，可以先让他带领一个团队独立工作一段时间，之后再考虑融入的策略，或者干脆就选择独立事业部或者子公司的运作模式。

马化腾当年收购张小龙团队之后，让他们在广州独立运作。即使后来微信团队日益壮大，马化腾也给予了张小龙很大的独立自主空间。这种对引入人才的差异化操作模式，对腾讯微信业务的快速发展起到了至关重要的作用。

总结下来，人才选配的重点虽然是选准合适的人才，但只有让人才融入，才能最大限度地让人才发挥作用、创造价值。因此，对于企业而言，选对人是基础，有效融入才是王道。

## 人才搭配“四宫格”：用人所长，补其所短

《华为基本法》中有一句经典：金无足赤，人无完人，优点突出的人缺点同样突出。企业家也经常会说：没有完美的个人，只有完美的团队。当然，这里的完美也是相对的，但它道出了一个基本事实：即使人都选对了，但人员的组合搭配出现问题，战斗力也会大打折扣。

当然，团队组建不单指公司的核心领导团队，还包括一个部门的领导团队、一个项目的领导团队等。但无论什么团队，在团队组建的时候，都需要坚持八字方针：价值趋同，优势互补。

价值趋同就是指拥有共同的核心价值观，因为道不同则不相为谋，道相同才能同舟共济。而优势互补理解起来就更加简单，顾名思义，就是在团队的核心成员中，大家的能力特长能够相互弥补。换句话说，重点不是提升自己的短板，而是用人所长，再用搭档的优势来弥补自己的短板，从而提升整个团队的作战能力。

当年李一男在华为担任研发总裁的时候，他在产品规划与产品开发方面的能力有目共睹，但在管理手法上简单粗暴，导致员工情绪不稳，流失率提高。由于他智商出众而情商不足，同时需

要把自己的主要精力投入产品和技术之中，导致他在团队管理上有一个非常明显的特点——高压政策 + 严厉批评。柔性领导力的缺失，让组织氛围变得紧张而压抑。

任正非看到了这一切，他在认可李一男优势的同时，另外挑选了一位在团队建设方面能力突出的管理者做他的副手，帮助他进行团队沟通和组织管理工作。这样的搭配，既保证了产品开发工作的高效推进，又确保了团队在和谐的氛围中健康发展。

阿里巴巴把这种人才搭配的做法称为“政委制”，华为则称之为“狼狈计划”。就像军队一样，团队不仅要有司令来指挥冲锋陷阵，还要有政委来营造氛围。因为有些缺点是天生的，无论怎么努力都无法改变；还有一些缺点虽然可以改正，但需要很长的时间。所以，我们不能苛求一个人耗费巨大精力去改进自己的缺点，更好的方式是找一个刚好弥补其缺点的人与之合作。

很多成功的企业都有人才搭配的经典范例。任正非的战略思维和领导力超强，就像华为的远光灯；孙亚芳的职业化素养高，在组织管理上细致入微，像华为的近光灯。二者相辅相成，共同推动了华为近二十年的高速发展。

阿里巴巴也是如此。马云擅长描绘蓝图，激发梦想，彭蕾则擅长落地执行。彭蕾退休之后，讲了一句很震撼的话：“我在阿里巴巴的主要作用就是确保马云的所有决策都成为一项正确的决策。”

马化腾到今天还被认为是腾讯最大的产品经理，但因为有刘炽平搭档战略规划和组织建设，任宇昕负责运营管理，同样构成了优势互补的核心领导团队。

当然，单纯理解了人才搭配的机制远远不够，还需要洞悉人才的优点和缺点，才能做到合理的搭配。在这里，我引入一个简单的分析工具——团队人才搭配的“四宫格”。

一般企业可以从两个维度对管理者做最简单的区分：一个维度是领导力，另外一个维度是管理力。领导力的极简描述就是影响别人的能力，而管理力的极简描述就是制定规则并按照规则执行的能力。

根据这两个维度，我们可以把领导分为 4 种：规范型组织领导者、创业型组织领导者、企业运营管理者、专家（如图 1–3 所示）。领导力、管理力都比较强的人适合做规范型组织的领导者；领导力强、管理力弱的人适合做创业型组织的领导者；管理力很强、领导力很弱的人适合做企业的运营管理者，比如公司的首席运营官、成熟业务的部门经理；管理力、领导力都比较弱的人不适合带团队，但可以做各类专家，比如营销专家、技术专家等。

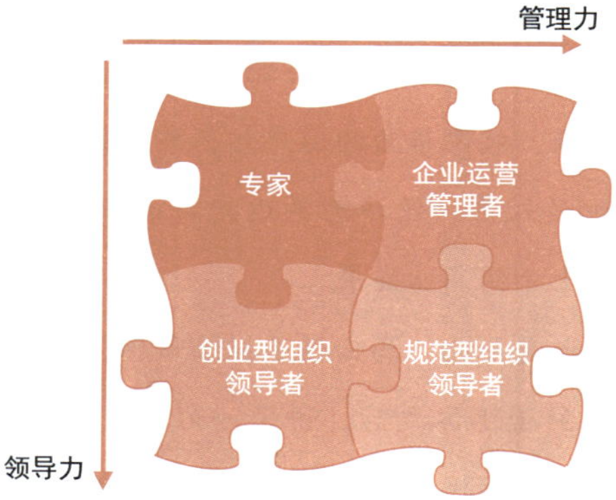


图 1–3 人才搭配“四宫格”

根据这个模型，我们可以相对准确地分析出人才的优势和劣势所在，然后再根据他们的特点进行合理的班子搭配，达到彼此优势互补、合力最佳的目的。

当然，企业的实际情况往往是复杂且动态的，因此，这个工具也不能僵化使用。

任正非的领导力远超过管理力，因此在度过创业期之后，他就找到运营管理能力强的孙亚芳来弥补自己的不足。

腾讯在创业阶段，马化腾做产品经理、张志东做研发经理就足够了，但发展壮大之后就需要进行班子调整，引入刘炽平来弥补腾讯在职业化管理上的缺失。

马云更是在创业阶段就引入在 GE（美国通用电气公司）工作了 15 年之久的关明生做自己的首席运营官，建设职业化的管理体系，让阿里巴巴快速走上了良性发展轨道。

郑宝用在华为的动态使用也很有说服力。早期他作为华为的技术负责人，实现了华为产品零的突破，居功至伟。但是随着华为的发展，郑宝用在定规则、守规则方面的软肋就越发明显。因此，任正非只让他去“攻山头”，而“守山头”的任务就交给职业化管理能力强的人去接替。

总而言之，用人所长是基础，但补其所短也很关键。团队的强大战斗力，来自核心成员价值观一致且优势互补所形成的合力。

## 人才生态链：
## “一杯咖啡，吸收宇宙的能量”

企业界都在大谈生态系统，但主要说的是业务生态。其实，人才生态才是业务生态发展的关键基础。人才生态链是一个三环结构（如图 1–4 所示），分别代表了企业内部员工、周边合作伙伴以及外部人脉网络。

图 1–4　企业人才生态链的三环结构

时至今日，绝大部分企业都开始重视自身人才队伍的建设，也就是内部人才的选拔、培养、使用和激励。但是，从发展的眼光来看，另外两层人才会变得越来越重要。

对第二层次人才的充分利用，华为就是一个成功范例。度过创业期之后，华为先后与几十家咨询顾问公司展开合作，仅 IBM 一家，华为的投入就是几十亿元人民币。这些咨询顾问公司凭借专业优势，让华为快速实现了从“土狼”到“世界级”的转变。除了这些机构，华为还聘请了许多不同领域的个人专家顾问，包括市场营销、产品开发、供应链管理、人力资源管理、财务管理等领域。可以说，如果没有俄罗斯数学家、土耳其物理学家等全球合作伙伴的帮助，华为不可能实现在 5G 领域的世界领先。

华为在 5G 技术标准中可以与高通抗衡的极化码技术，就是来自土耳其的教授埃达尔·阿勒坎（Erdal Arikan）。他是华为通过全球人才搜索得到的。因为一些政治、文化方面的原因，东西方企业对于土耳其的研究重视程度始终维持在一个较低的水准，而华为在发现阿勒坎教授主持的编码项目之后，果断地与这位教授洽谈并签订合作协议，向他提供充足的资金用于研究。而阿勒坎教授也没有辜负华为的期望，成功帮助华为实现了 5G 技术的世界领先。

对于第三层人才的利用，华为也给其他企业树立了榜样。我见过的大多数管理者都有自己的人脉圈，但是基本处在低效利用阶段。我们称之为“弱”人脉，也就是平常在网上点个赞、聊个天。但是华为却非常注重“强”人脉的打造。

我在华为的最后一年，差不多每个星期都要陪任总见一两个世界 500 强的高管。在每次见面的过程中，任正非做的一件最重要的事就是焦点提问。他提出的问题，通常都是自己亟待解决的关键问题，同时又与这些“大咖”所擅长的领域密切相关。

我清楚地记得，任正非曾经询问过 IBM 的技术负责人：“以后的路由器是否有可能嵌入计算机？”他还曾询问英特尔的首席财务官：“如果我们想在纳斯达克上市，我们的首席财务官应该具备什么样的关键能力？”

针对困惑自身发展的关键问题的请教学习，对华为的战略决策起到了极其重要的作用。

因此可以说，在人才生态链中，第三层的人才成本最低廉，但是用好了价值却非同小可。任正非有一句话概括得非常到位：“一杯咖啡，吸收全宇宙的能量。”什么意思呢？就是说你需要经常出去跟别人喝咖啡、喝茶或者吃饭。前提是要有针对性地找那些对自己或企业发展有价值的人，即定向的人脉网络。这些人或许不会到你的企业来上班，也未必瞧得起你给他的经济报酬，但是你仍然可以从中获得巨大的智慧收益。

过去是人才的雇佣制时代，也就是人才必须“为我所有”。企业与人才签订固定期限、无固定期限或者临时合同，总之这个人才要全职地为企业服务。现在我们已经进入了共享时代，共享资源中就包括人才资源。因此企业人才管理的重点就变成了人才“为我所用”，他们不一定非要全职为企业工作，只要能够为企业创造价值，他就是你的可用之才。

因此，无论企业规模大小，资金实力是否雄厚，都应该建立开放的人才生态系统。我们可以从三个层次来考虑企业人才队伍的合理搭建。例如，近期腾讯的“活水计划”、华为的“循环赋能”都是针对内部人才队伍的加速发展而设置的；腾讯的“创业投资计划”和阿里的“活水计划”，主要是面向第二层的外部合作伙伴；企业家之间建立的各种线下和线上的社会团体、企业之间的相互交流学习，以及各类跨界学习的创新模式，则为第三层人才的有效利用探索出了路径。

我坚信，这仅仅是一个开始，随着人工智能的广泛应用，人才的知识产权化（IP 化）、知识和智慧的数字化发展会成为必然的趋势，人才的定义和边界将变得模糊，所有隐藏的智慧宝藏都将以高效率、低成本的方式涌现出来，为企业的人力资本增值带来无限可能。

人选对了，也成功融入了企业之中，接下来就需要考虑如何让他们创造出高价值的问题。这就是我们第二章要给大家介绍的主要内容。

# 本章加餐：部分关键岗位的工作技能和面试问题

除了销售经理岗位以外，我对售后经理、产品经理、项目经理、高级软件工程师、高级硬件工程师、制造总监、采购总监、采购工程师等其他重要职位的面试巅峰问题样例也进行了归纳，读者可以根据自己企业的具体情况，学习建立起关键岗位的能力素质模型和关键问题库。

表 1-1 销售经理

| 关键工作技能 | 面试问题（参考） |
|---|---|
| 市场开拓 | 1. 请讲一讲你遇到的最困难的一次拓展新市场的经历。你是如何做好的？<br>2. 请你介绍一项以前承担过的市场开拓任务。你是如何制订市场拓展计划的？解决了哪几个关键问题？<br>3. 请举一个例子说明：成功开拓一个全新市场需要采取哪些关键措施？ |
| 产品销售 | 1. 与竞争对手相比，我们产品的优势并不明显，这种情况下你是如何把产品销售出去的？请举例说明。<br>2. 请讲一讲你遇到的最困难的一次产品销售经历。你是如何应对处理的？<br>3. 新产品销售往往比较困难，你是否可以举一个这方面销售的成功案例？你是如何做到的？ |
| 客户关系管理 | 1. 请介绍你印象最深刻的一次与客户（或渠道）建立合作关系的经历。<br>2. 对于第一次打交道的客户（或渠道），你是如何快速建立良好关系的？请举例说明。<br>3. 请举例说明你处理过的最棘手的一次客户投诉。当时的情况如何？你是如何处理解决的？ |

表 1-2　售后经理

| 关键工作技能 | 面试问题（参考） |
| --- | --- |
| 售后服务运作管理 | 1. 请介绍你印象最深刻的一次处理客户投诉的经历。你是怎么处理的？<br>2. 请讲述这样一个经历：你发现公司的售后服务管理中存在一个重大问题或错误，你提供了解决问题方案，并成功地组织团队解决了这个问题。<br>3. 请简单介绍一下你原来那家企业售后服务的基本操作流程。你认为其中的关键环节是什么？为什么？ |
| 客户关系维护 | 1. 在你的工作中，你怎样知道客户对你的工作是否满意？请举例说明。<br>2. 持续提高客户对售后服务的满意度是一项困难工作，请举一个典型事例说明你是怎么做到的。<br>3. 举例说明你曾经处理过的一个很麻烦的客户。为什么客户会有意见？你是如何处理解决的？ |
| 售后团队管理 | 1. 你以前采取过哪些关键措施带领团队成员达成业务目标？举例说明。<br>2. 我想知道你是怎样使某位下属愿意承担更多的责任，或承担他本人认为很难的工作的。请举例说明。<br>3. 讲一段你管理一位表现较差的员工的经历。你是用什么办法来激励那位员工提高工作效率的？ |

表 1-3 产品经理

| 关键工作技能 | 面试问题（参考） |
|---|---|
| 需求挖掘 | 1. 为了让产品满足目标市场的客户需要，你认为哪几点最关键？你是如何做到的？请举例说明。<br>2. 请介绍你最成功的一次确定产品需求的经历，你当时是怎么做的？<br>3. 有没有遇到过这样的情况：当团队面对一个产品需求分析难题束手无策时，你帮助大家理清思路，找到了解决办法？具体讲讲当时的情况。 |
| 产品定义 | 1. 请讲一讲你定义的一款最成功的产品。为什么你认为它是最成功的？它成功地解决了用户的哪些问题？为什么解决这些问题就能促成产品成功？<br>2. 有没有遇到过这样的情况：当团队面对一个产品定义难题束手无策时，你帮助大家理清思路，找到了解决办法？具体讲讲当时的情况。<br>3. 你定义好一款产品并开始研发，但不久就发现该产品的外部市场环境发生了重大变化，你是如何处理的？请举例说明。 |
| 市场研究 | 1. 有些客户的需求可能需要你花费大量的时间和精力才能了解，请谈一谈这方面的经历。你是如何做的？<br>2. 你是如何收集和积累竞争产品的相关信息的？你曾做过哪些方面的研究？举例说明。<br>3. 你通常采用的市场调查工具或方法有哪些？为什么会采用这些工具或方法？ |

表 1-4 项目经理

| 关键工作技能 | 面试问题（参考） |
|---|---|
| 项目过程指导与监控 | 1. 当一个项目涉及多个部门协作配合的时候，你是如何处理的？请举例说明。<br>2. 请你介绍以前承担过的一个项目过程中出现的重大问题，你是如何处理解决的？<br>3. 在一个项目里，如果某些项目成员很不给力，影响项目进度或质量，你是如何处理解决的？请举例说明。 |
| 项目总结 | 1. 一份好的项目总结主要包括哪些关键内容？请举例说明。<br>2. 项目经理在几个项目中同样的错误会一犯再犯，你认为最主要的原因是什么？请举例说明。<br>3. 项目总结的意义是什么？请举一个具体事例说明一下。 |
| 项目立项管理 | 1. 项目立项工作中最需要关注的问题是什么？请举一个典型事例说明。<br>2. 请讲一讲你负责的最成功的一次项目立项经历。你是如何做到的？<br>3. 你是否有过项目立项失败的经历？你是如何面对和处理的？请举例说明。 |

表 1-5　高级软件工程师

| 关键工作技能 | 面试问题（参考） |
| --- | --- |
| 编码实现 | 1. 请讲一个你所遇到过的最难解决的编码实现问题。当时你是如何处理解决的？<br>2. 为了能在保证质量的前提下提高编码效率，你认为做好哪几个方面比较重要？请举例说明。<br>3. 你曾经与别人合作一起编写过源代码吗？当时的情况如何？你们是如何提高合作效率的？ |
| 软件测试 | 1. 你参与搭建过软件测试环境吗？举一个例子讲述一下当时你们是如何搭建的？<br>2. 请讲一讲你遇到的最困难的一次软件测试的经历。你是怎么处理的呢？<br>3. 有没有遇到过这样的情况：当团队面对一个软件测试难题束手无策时，你帮助大家理清思路，找到了解决办法？具体讲讲当时的情况。 |
| 软件详细设计 | 1. 请详细讲一讲你遇到的一次最困难的软件设计经历。你是怎么处理解决的呢？<br>2. 如果我们想让你负责一个 ××× 软件的详细设计，你认为应该如何做才能高效率地达到要求？<br>3. 你在上一份工作软件详细设计的过程中，经常出现的错误类型是什么？你采取了哪些关键措施避免类似错误的发生？ |

表 1-6 高级硬件工程师

| 关键工作技能 | 面试问题（参考） |
| --- | --- |
| 总体设计与联调 | 1. 请讲一讲你遇到的最困难的一次硬件总体设计的经历。你具体突破了哪些关键障碍？效果如何？<br>2. 你认为提高硬件联调效率的关键点是什么？请举例说明。<br>3. 如果我们想让你来负责 ××× 硬件的总体设计，你认为应该如何做才能高效率地达到要求？ |
| 技术攻关 | 1. 请讲一讲你负责过的一次高难度的技术攻关经历。难度究竟在哪里？你是怎么解决的呢？<br>2. 在上一份工作中，你有没有经历过多人或多部门参与的联合技术攻关的情况？你当时的具体角色是什么？解决了哪些关键问题？<br>3. 一般而言，硬件技术攻关的关键步骤有哪几个？请举例说明。 |
| 过程指导与监控 | 1. 讲一个你指导一位表现较差的下属的经历。你是用什么办法来指导该员工快速掌握硬件开发技术的？<br>2. 请讲述这样一段经历：你及时发现某硬件开发人员在工作中出现的一个重大问题或错误，并予以纠正。<br>3. 当一项硬件开发任务涉及多人通力配合的时候，你是如何确保工作按照计划完成的？请举例说明。 |

表 1-7 制造总监

| 关键工作技能 | 面试问题（参考） |
| --- | --- |
| 生产运作管理 | 1. 请讲述这样一段经历：你发现公司在生产过程中发生了一个重大问题，你领导制订了一个解决方案并组织实施。<br>2. 介绍一段这样的经历：生产高峰期交付时间压力巨大，你采取了什么措施来确保完成任务。<br>3. 你上一份工作中，生产运作中存在的主要问题是什么？你的主要改善方案是什么？ |
| 生产工程管理 | 1. 请讲述这样一段经历：你发现公司的生产设备存在一个重大问题，你领导制订了一个解决方案并组织实施。<br>2. 设备更新换代会提高生产效率和质量，但也会带来一次性成本的增加，你一般是如何考量和兼顾这两个方面的？请举例说明。<br>3. 请介绍一下你上一份工作中，生产设备方面存在的主要问题是什么？你的改善方案是什么？ |
| 生产工艺管理 | 1. 请讲述这样一段经历：你发现公司的生产工艺存在一个重大问题，你领导制订了一个解决方案并组织实施。<br>2. 请讲一讲你遇到的最困难的一次生产工艺优化的经历。你是如何应对解决的？<br>3. 请介绍一下你上一份工作中，生产工艺中存在的主要问题是什么？你的改善方案是什么？ |

表 1-8 采购总监

| 关键工作技能 | 面试问题（参考） |
|---|---|
| 采购运作管理 | 1. 请举例说明你制订年度采购计划或降低成本目标时主要考虑哪些关键因素？你采取了哪些关键措施确保达成计划或目标？<br>2. 你上一家公司某料件有多家供应商，你是根据什么原则建立供应商选择体系的？过程中发生过哪些变化？你又是如何处理的？<br>3. 请讲述你经历的上一家公司在采购运作中出现的一次重大问题或失误。你当时采取了什么样的解决方案？最终的效果如何？ |
| 供应商管理 | 1. 当遇到强势又必需的供应商，你是如何处理相互关系的？如何能够最大限度地得到他们的支持？请举例说明。<br>2. 请举例说明你最成功的一次与供应商谈判的经历。当时的情况是怎样的？你是怎么做的？<br>3. 请举例说明你遇到过的一个需要被淘汰的供应商，但是淘汰过程中遇到切换时间困难或者结算中的纠纷，你是如何处理的？最后结果如何？ |
| 采购团队管理 | 1. 与供应商合作中的贪腐问题是许多公司面临的难题，举一个你曾经遇到过的最严重的情况。你当时是如何处理解决的？<br>2. 请简单介绍一下你之前任职公司的采购人员的薪酬制度和情况。在上一家公司你是如何为下属合理定薪的？为什么？效果如何？<br>3. 讲一段你管理一位表现较差员工的经历。你是如何让这位员工发生正向改变的？ |

表 1-9 采购工程师

| 关键工作技能 | 面试问题（参考） |
| --- | --- |
| 物料采购 | 1. 请介绍你印象最深刻的一次处理来料不良或交期延误的经历。你是怎么处理的呢？<br>2. 客户突然取消订单，而部分物料可能已经向供应商下单，作为采购工程师，你在接到 PMC（生产计划与进度控制）的通知后将如何处理？请举例说明。<br>3. 对于一款新物料，你如何评估供应商的报价是否合理？请举例说明。顺便谈谈你通常是如何估算物料成本的？ |
| 供应商管理 | 1. 请举例说明你采取了哪些关键措施让供应商按时、保质、保量地提供物料？<br>2. 请介绍你印象最深刻的一次与供应商解除合作关系的经历。原因是什么？你当时是怎么处理的？<br>3. 工作中难免会遇到供应商请客送礼，请谈谈你印象最深刻的一次经历。你是如何处理的？ |
| 供应商开发 | 1. 请介绍你印象中最深刻的首次与某个供应商进行价格谈判的经历。当时的情况是怎样的？你是怎么做的？<br>2. 请举例说明引进一个新供应商需要考虑哪些关键要素？为什么？<br>3. 请讲一个在开发供应商方面你所遇到的最困难事例。当时你是如何解决的？ |

# 02

# 人才评估之道

## 既要评价业绩，也要评价能力

当一个员工进入公司，是人才还是庸才，是“真金”还是“镀金”，在业绩表现和能力成长的明镜之下，都会一一现出原形。常言道，“真金不怕火炼”。利用业绩和能力衡量人才的锻造效果和真实价值，就是人才在使用过程中的评估之道。

## 绩效—能力“九宫格”

员工与企业之间是一种共生关系：只有员工不断为客户创造价值，企业才能获得可持续性成长；而员工只有在企业提供的平台上，通过奋斗才能获得物质与精神回报，并实现自我价值。

因此，选好配好人才，只是人力资本创造价值的有效投入阶段，接下来就是要通过实战来兑现成果——获得有效产出。在这个价值创造的过程中，绩效评价和能力评估是至关重要的两个方面，也就是国内外优秀企业最常用的绩效—能力“九宫格”（见图 2–1）。

简而言之，人才评估的九宫格就是从两个最重要的维度对人才的使用价值进行评估。企业一般称之为“人才盘点”。

通常情况下，中国企业都已经建立了自身的绩效管理体系，包括创业期粗放的“拍脑袋”式的绩效管理、所谓“积分制”的全量化管理，以及现在大部分企业所采用的 KPI（关键绩效指标）或者 OKR（目标与关键结果）管理法。评价结果一般会以 A、B、C、D 四级或者 A、B、C、D、E 五级呈现，由此来衡量员工工作结果的差异，并采取适当的方式与奖励制度对接。因此，我们把绩效管理称为企业最基础的动力管理系统——通过目标评价与奖励来激发员工的工作动力。

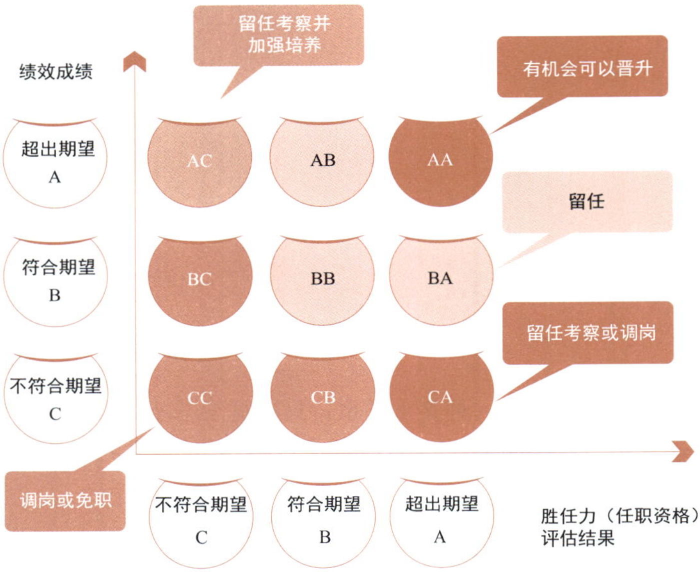


图 2-1 绩效—能力“九宫格”

在人才盘点的时候，可以将绩效评价结果简单归为三级模式：高、中、低。这里没有严格的比例限制，但通常情况下，“高”的占比在10%~20%，“中”的占比在 50%~70%，“低”的占比在 10%~30%。

这套基础的动力系统很重要，但作为员工的价值评估还不够。道理很简单，即使你给出了一个亿的目标激励额度，如果这位员工的能力水平很低的话，绩效管理目标依然会落空。

因此，我们必须要考虑另外一个评价维度——能力评价，就是衡量此人是不是具备在某个岗位创造价值的基本能力。员工既要有动力，还要有能力，才能为客户持续创造高价值。

中国企业最常见的一个问题，就是很多中小型的民营企业，动力系统做得还不错，但苦于找不到好的人才或者不具备高效的人才培养能力，由此导致能力系统出现问题，关键岗位的胜任力很低。

反之，很多国有企业的能力系统不错，基于雄厚的资本实力和社会效应，它们可以招募到相对素质高的人才，并舍得花重金进行培训。但是，由于动力系统的不足，无法调动员工的积极性和创造性，同样不能为客户创造高价值。

能力虽然不像绩效好衡量，但是在实践中，业内已经总结出多种有效的评价方式，表 2–1 就是对现有人才能力评价模式及其特点的比较分析。

表 2–1 人力能力评价模式及其特点的比较

| 序号 | 能力评价模式 | 准确度 | 效率 | 适用人员 |
|---|---|---|---|---|
| 1 | 考试 | 较差 | 较高 | 中基层专业人员、操作类人员 |
| 2 | 专家小组评价（答辩） | 较高 | 一般 | 专业技术类（中高级）、管理类（中基层）人员 |
| 3 | 专家小组评价（合议） | 较高 | 一般 | 专业技术类（初级）人员 |
| 4 | 员工申请、审批 | 较高 | 一般 | 专业技术类（初级）人员 |
| 5 | 360 度问卷调查 | 较高 | 高 | 管理类（各层级）人员 |
| 6 | 行为面谈 | 较高 | 较高 | 管理类（各层级）人员 |
| 7 | 评鉴中心与情景模拟 | 高 | 低 | 管理类（高管）人员 |

从国际企业的组织实践来看，绩效评价的结果主要是兑现奖金，能力评价则主要应用于晋升或者岗位调整。

人们自然会有一个疑问，九宫格还是太烦琐，为什么企业不能只用绩效评价一个维度来衡量员工，并把结果与所有的人事政策对接呢？这就是我下一节要重点解析的问题。

# 绩效评估与能力考量的“双维”标准

## 绩效管理的核心价值

绝大多数的中国企业把绩效管理仅仅当作奖优罚劣的工具，即论功行赏，论罪行罚。这个貌似正确的观点，其实很难经得起深入推敲。因为人不是简单的动物，不是喂饱了、吃好了就会玩儿命去干活。人是有自尊和复杂心理活动的高级灵长类动物，单单给够钱还不行，如果给钱方式不合理，或者忽略金钱之外的其他需求，都无法达到预期的激励效果。因此，绩效评价结果与经济利益紧密挂钩，只是绩效管理

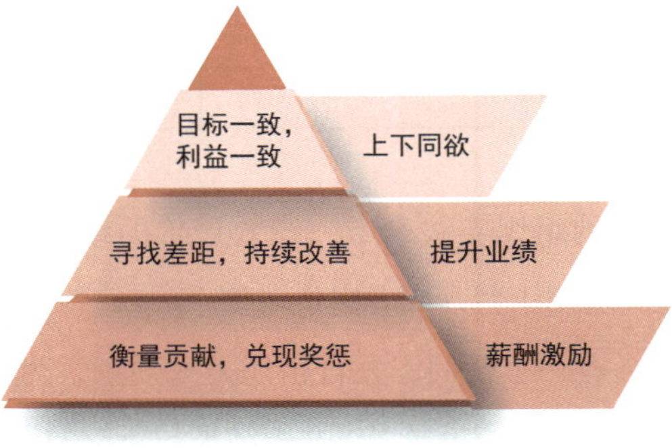


图 2-2　绩效管理的核心价值

的初级阶段，距离领导者期望达到的效果还差得远。

再往上走一步看，小部分企业已经达到华为 2000 年前后的水平，它们开始明白绩效管理更重要的目的是促进绩效改进。也就是说，奖惩不是目的，只是手段之一（记住，且不是唯一的手段），绩效管理的目的是通过有效的衡量来促进企业组织与个人绩效的改进。这就是平衡计分卡发明者罗伯特·卡普兰先生的那句名言：无法衡量，也就无法管理。通过建立客观、公正的衡量尺度，可以实现对绩效目标更好的管理和持续的改善。结论就是，除了奖惩，你还要有绩效过程辅导和绩效结果改善的具体行动方案。

走到这里，就已经实现了中国企业里程碑式的进步。但即便如此，对绩效管理真正目的的理解也依然不够深刻。继续刨根问底，关键的问题就会出现——绩效改进的原动力在哪里？如何才能从根本上建立自我驱动的绩效成长机制？

这才触及绩效管理的本源——通过最恰当的绩效管理模式，激发员工的内在动力，让他们为了实现组织的目标而长期不懈地奋斗。也就是说，绩效管理的根本目的是将企业的组织目标和个人目标紧密地联系在一起。当个体成为组织目标实现的主动分子时，绩效管理才能释放出最大的能量，发挥出企业价值创造的威力。

## 单纯绩效管理的缺陷与不足

但无论是 KPI 也好，OKR 也罢，都存在三个基本缺陷。

### 偶然因素

大家都有走运和背运的经历，运气好的时候，一次无意的沟通就能促成一笔生意或者某个目标的达成；而运气差的时候，煮熟的鸭子也会飞掉。偶然因素在绩效评估上的主要表现就是原本能力有限的员工，却被“天上掉下的馅饼”砸中，从而实现业绩的翻转；反之亦然，能力超强的员工，也会偶然遇到“天上下冰雹”的情况，业绩惨不忍睹。因此，绩效评估结果不一定能反映出这个员工的真实水平，而据此来提拔一个人，平均差错率会达到20%~30%。

### 领导干预因素

请大家先思考这样一个问题：一个员工承担的工作越重要，领导的参与度会越大还是越小？答案显然是：通常情况下，参与度更大。因为一旦出现严重失误，就会对企业造成重大损失。上级主管格外关注，甚至在关键时刻亲自操刀都在所难免。

在华为工作的最后阶段，我曾经负责过一项公司级的重大项目。项目中一个关键节点的突破，需要得到国家有关部委高层领导的批准。这个时候，我在政府关系能力上的短板就暴露出来了。任正非看在眼里，于是亲自安排相关人员大力协助，在他的亲自过问下，项目顺利完成。

现在回想起来，我虽然是项目负责人，但任正非对项目的贡献其实才是最大的。但身为企业的最高管理者，他自然不会和下属去争抢功劳，业绩最终还是全部算到我和项目成员身上。

由此可见，领导的参与度有时会直接影响绩效指标的完成情况，和偶然因素一样，均无法代表员工的真实水平。

### 岗位重要性因素

一个企业中，不同岗位工作难度的差别巨大。有些基础性岗位，不需要太突出的能力就能做出优秀的成绩；也有一些重要岗位，即使员工能力不差也很难在业绩上做出亮点。

我认识一个人，他所在企业的总部设在北京，而这家企业之前跟我们也有过合作。他只是一个基层员工，经过多年的持续努力，被提拔成了公司中层。

有一次，他陪同领导到深圳考察，约我见面。见面之后我才知道，他刚刚被提拔成为公司高管。出于职业习惯，我问他：“领导为什么会提拔你？”他说刚刚接到任命的时候，他自己也觉得很奇怪，就去问自己的领导：“为什么我业绩第一的时候没有被提拔，现在的业绩中规中矩反而得到了晋升呢？”

他的领导回答道：“你业绩很好的时候，行业也非常走俏，不只是你，其他人的业绩也非常不错。但是，后来在行业极其不景气的阶段，你依然能保持中等的业绩，这就是能力的体现了。作为一个公司高层，最重要的不是个人业绩，而是具备打造伟大组织的能力，我不提拔你提拔谁呢？”

因此，企业采取绩效评估 + 能力考量的“双维”标准，对员工的评价更加全面，对评价结果的应用也更加客观公正。

## 绩效—能力“九宫格”的应用场景

第一，绩效评估应用于奖金分配。表 2–2 是绩效考核与奖金分配的关系示例。

表 2-2 绩效考核与资金分配的关系

| | | | | | | | |
|---|---|---|---|---|---|---|---|
| 公司 | 部门 | 部门考核等级 | A | B | | C | |
| | | 部门奖金系数 $\boldsymbol{K_1}$ | 1.2 | 1.1 | | 1.0 | |
| | 员工 | 员工考核等级 | A | B | C | D | E |
| | | 员工奖金系数 $\boldsymbol{K_2}$ | 1.5 | 1.2 | 1.0 | 0.6 | 0 |

$$\text{部门应发年度绩效资金总额}=\text{公司应发年度绩效奖金总额}\times\frac{\text{部门工资基数}\times K1}{\sum_{n=1}^{z}(\text{部门工资基数}\times K1)}$$

$$\text{员工实发年度绩效资金总额}=\text{部门应发年度绩效资金总额}\times\frac{\text{员工工资基数}\times K2}{\sum_{n=1}^{z}(\text{员工工资基数}\times K2)}$$

第二，绩效评估和能力评估相结合，应用于工资调整。正如表 2–3 所示，二者的结合也可以用于岗位晋升和调整。

第三，能力评估主要应用于人才发展，也就是我们下一节重点介绍的干中选才和第四章介绍的育才。

表 2-3 绩效评估和能力评估相结合的应用场景

<table>
<tr><th>能力认证（等）<br>绩效成绩</th><th>提升 2 等</th><th>提升 1 等</th><th>未提升</th></tr>
<tr><td>A（5%）</td><td>上调 6%~9%</td><td rowspan="2">上调 3%~6%</td><td rowspan="2">上调 3%</td></tr>
<tr><td>B（20%）</td><td rowspan="2">上调 3%~6%</td></tr>
<tr><td>C（40%）</td><td>上调 0~3%</td><td>不变</td></tr>
<tr><td>D（30%）</td><td colspan="2">上调 0~3%</td><td>下调 3%</td></tr>
<tr><td>E（5%）</td><td colspan="3">调整岗位或解聘</td></tr>
</table>

# 干中选才的方式

## 胜任力评估的“30-40-30”法则

首先，我们要对人才类别进行区分。

以干部选拔为例，一般分为高层、中层和基层，然后对每类干部群体中的每一位进行能力评估。

评估之后，通常按照30%、40%、30%的比例进行划分。顶部的30%处在胜任区，可以优先考虑这类人的岗位晋升或委以更加重要的权限责任。中间部分的40%属于基本胜任，保留现任岗位，指出主要差距，并帮助他们快速实现能力提升。尾部的30%处在不胜任区，这部分人建议不要再继续担任该级别的管理职位，可以选择担任专家岗位，向下调整职级，甚至辞退。

记住，人才的能力是动态发展变化的，一般每年都需要进行能力评估，并据此做出人事决策，以保证公司重要岗位的人岗匹配度始终处在基本胜任状态。

更加重要的一点，能力评价模型必须纳入价值观评价要素。以华为为例，“以客户为中心”和“以奋斗者为本”都是干部胜任力评价的重要标准。

## 能力评估 + 潜质评估

一般而言，能力是对人才岗位胜任程度的基本评价。但存在一种情况，即某些人虽然胜任现在的工作岗位，但由于知识结构、学习能力及年龄等因素，已经基本达到职业能力的顶峰，未来发展的潜力非常有限。还有另外一种情况，就是某些人不管是目前胜任本职岗位还是尚未达到胜任的要求，发展空间都很大，假以时日，完全有可能达到更高的水平。通常情况下，那些年龄相对较轻、知识水平较高且学习能力强的员工，最有可能具备巨大的发展潜力。

因此，在能力评估之外，企业还可以增加潜质维度的评估（图 2–3

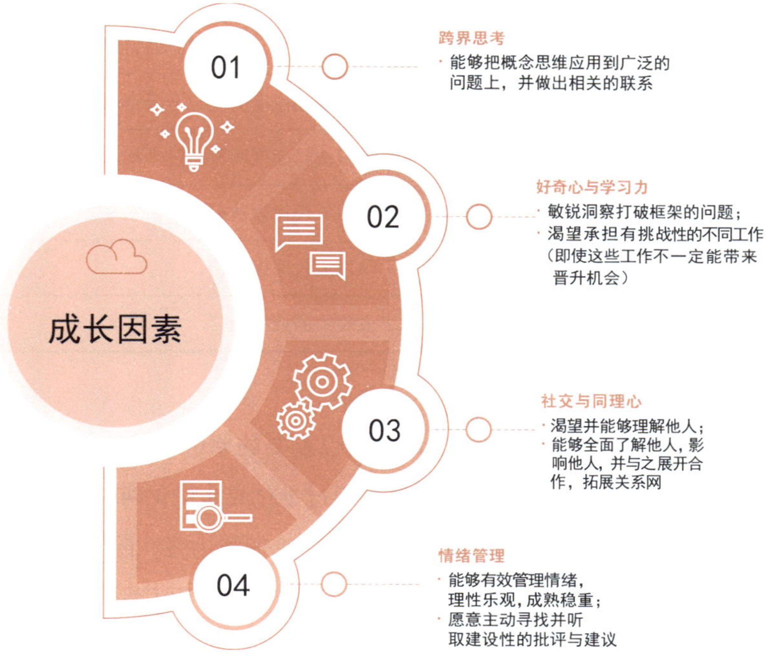


图 2-3　某咨询公司潜质四维度的评估框架

是美国一家咨询公司的潜质四维度评估框架，可以参考），形成一个能力与潜质的九宫格。这样，企业可以优先选择能力突出且潜质卓越的人才作为第一梯队来选拔与培养。对能力突出但潜质不高的人才，注重把他们放在恰当的岗位以充分发挥他们的作用。对于能力不突出但是潜质卓越的年轻人才，则应该加大培养力度，通过培训与实战训练相结合的方式，让他们尽快脱颖而出。

对于潜质评估，业内并没有统一标准和评价模式。表2–4是我们为一家中小企业设计的最简洁的五分制潜质评价表，企业可以根据自身需要参考使用。

**表2–4　某企业的五分制潜质评价体系**

| 五分制 | 所在等级 | 关键行为特征 |
|---|---|---|
| 5分 | 卓越级（3%以内） | 学习成长速度极优，上升空间巨大 |
| 4分 | 高潜质级（20%以内） | 学习成长速度明显超过平均水平 |
| 3分 | 中潜质级 | 学习成长速度达到中位值水平 |
| 2分 | 低潜质级 | 学习成长速度缓慢 |
| 1分 | 无潜质级 | 成长停滞或下滑 |

大多数企业疏于能力评价，一个很重要的原因就是能力水平不好衡量。绩效评估有目标作为尺度，再通过量化或非量化两种基本模式来评估。而能力评估呢？如果我们说张三比李四能力强，除了业绩之外，更多的是主观评价，由此导致员工对能力评估结果的不满。

1998年我在华为时，一家国内著名企业邀请我去做交流。在现场提问环节，这家企业的老总给我提出了一个问题："都说责任心很重要，但究竟如何才能客观、公正地评价员工责任心的强弱呢？"我反问道："你们公司现在是如何评价的呢？"

这家公司的人力资源总监就把他们自己制订的责任心评价方案展示给我看。他们把责任心由低到高分成了五级，分别是：没任何责任心（一级）；责任心较差（二级）；责任心一般（三级）；有比较强烈的责任心（四级）；有非常强烈的责任心（五级）。

如果企业是按照上述这种方式来评估员工能力或者素质，自然很难做到公平公正。因为这种评估方式全凭个人感觉，随意性极大。

为了让绩效与能力九宫格评估发挥真正的作用，我们将用一节的内容对能力评估方法做一个介绍。

## 利用行为分级技术进行胜任力评估

对胜任力或者能力进行客观有效的评估，是一项专业工作，在我们公司早年出版的《任职资格与员工能力管理》[1] 一书中有详尽的叙述，其核心就是行为分级技术。对“物的规格”进行分级相对容易，但是对“人的行为”进行分级就很难，因此需要专业技术的帮助。

### 行为分级技术的可操作性

上一节案例中那家企业老总提出的责任心问题，我们在这里可以用行为分级技术对其进行分级，以便大家对行为分级技术的价值有最基本的理解。

> 21 年前，华为就已经把责任心划分为 5 个级别。
>
> **第一级：被动不执行。**
>
> 推都推不动。在领导反复督促下，依然不履行自己的工作职责。

① 范金，等 . 任职资格与员工能力管理 [M].2 版 . 北京：人民邮电出版社，2011. 本书是深圳市基业长青咨询服务有限公司实践经验的总结和提炼，书中对行为分级技术有详细介绍，可供读者参考。

**第二级：被动执行。**

推一下动一下。只有在领导的鞭策、督促之下，才能履行自己的工作职责。

**第三级：主动执行。**

能够自觉地完成自己职责范围之内的日常工作，只是在困难挑战面前容易退缩。

**第四级：面对困难和压力依然执行。**

第三级的升级版。迎难而上，在挑战和压力面前无所畏惧，依然选择主动执行。

**第五级：甘冒风险且勇于执行。**

这是第四级的升级版。在企业的经营过程中，员工通常面临两种重大风险：一种是承担高危责任，可能会丢掉自己的乌纱帽；另一种是承担新的挑战性工作，自己的既得利益会严重受损。比如，当企业委任员工去开拓一个高风险新市场或研发一种创新型产品等。在面临如此高危任务的情况下，该员工依然义无反顾地去执行。

大家可以对比一下，与模糊的能力评价模式相比，将能力素质进行行为分级之后，评判者通过分级行为标准与被评价者日常行为特征进行对比，很快就能做出相对客观公正的评判。

记得当时任正非看了这个行为评价模式之后，当即提出要求：所有华为员工都必须具备三级责任心，所有中层干部都必须具备四级责任心，所有高层领导都必须具备五级责任心。

我再举一个日常生活的例子，以便大家对行为分级技术有一个更形象的了解。

利用行为分级技术，我们可以尝试对自己的伴侣进行分级评估，看他 / 她究竟属于哪个级别。

第一级：能够“满足你的生存需求”，也就是满足你基本的生活需要和生理需要。

第二级：能够“满足你的安全需求”，其中包含两种不同类型的安全需要——生理安全和心理安全。生理安全不用多说，就是他（她）能够保证你及家庭成员的身体健康和生命安全不受侵害。心理安全指的是对方能够忠实于自己、忠实于家庭，同时也不会从事一些危险行业，让你放心。

第三级：能够“满足你的交流需求”。在生存需求和安全需求被满足的前提之下，伴侣和你有共同语言，平时可以无障碍地交流沟通。

第四级：能够“满足你的尊重需求”。你与伴侣之间人格地位平等并相互尊重，不会因为收入、社会地位差异等，在家庭中呈现一种高低贵贱的等级差别。

第五级：能够“满足你的发展需求”。这是指你的伴侣愿意让你从事自己喜欢的工作，发展自己的事业，并且能够帮助你成为更好的自己。

通过以上两个实例可以发现，只要我们基本掌握了行为分级技术，胜任力或者能力评估就具有可操作性。

## 行为分级技术的步骤

为了让大家快速掌握行为分级技术的基本要领，下面用最简单的方式介绍行为分级技术的三个步骤。

### 步骤 1：划分能力发展通道

对员工的能力进行评估，首先要划分员工的能力发展通道。华为在借鉴英国任职资格模式的基础上，设计了五级双通道模式，即横向分为管理通道和专业通道，纵向上对每条通道划分了不同的级别。专业通道一般划分为 1~5 级，管理通道则分为 3~5 级（见图 2-4）。

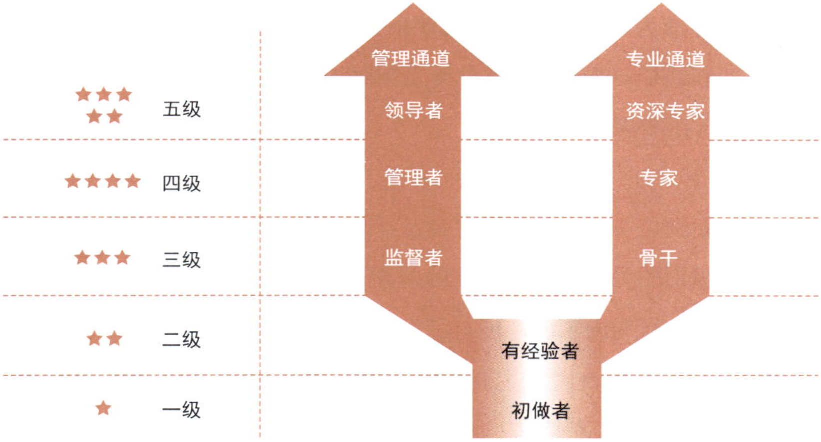


图 2-4　华为的五级双通道能力发展模型

在五级双通道发展模型中，每个员工至少拥有两条职业发展通道。以技术人员为例，在获得技术资格二级之后，根据自身特长和意愿，他们既可以选择转换到管理通道发展，也可以继续选择技术通道。由于两条通道的资格要求不同，如果技术特点突出但领导或管理能力相对欠缺，这类员工就可以选择在技术通道上继续发展，直至成长为资深技术专家（五级）；而管理通道是从三级开始，分为监督者（三级）、管理者（四级）和领导者（五级）。这样可以妥善解决一般企业中“自古华山一条路，万众一心奔仕途”的问题。

### 步骤 2：理解国际通用的管理三级、专业五级的行为分级标准框架

基于通道的行为分级标准框架模型也是需要我们深刻理解的部分。行为分级标准的核心不是学历、职称、资历等内容，而是员工以职业化的行为方式开展工作，持续产生高绩效的一系列行为要点。它描述不同能力级别的员工能做什么、应该如何做以及能够做到什么程度，由此解决领导“拍脑袋”式评估的问题。

分级标准为胜任力或能力的评估提供了依据，也为人才的发展指明了方向和路径。表 2–5、表 2–6 是国际通用的管理三级、专业五级的行为分级标准框架示例。

### 步骤 3：根据自己企业的具体情况，设计出主要岗位类别（通道）或主要岗位胜任力的关键区分点

不同级别的关键区分点之间的差异通常体现在三个维度：行动的强度与自由度、行为内容的广度与深度，以及行为影响的幅度。

行动的强度与自由度主要指等级标准中使用的行为动词不同，即承担的角色不同。一般而言，角色越重要，行动的强度和自由度就越大。行为内容的广度与深度主要指等级标准定义的工作内容的难易程度不同，体现为广度和深度上的差异。一般而言，越往高处走，角色会在广度和深度的一个方面或者两个方面都加强。行为影响的幅度主要是指该角色的行为是仅仅影响到个人，还是会影响到周边乃至公司外部。例如，最基层的研发角色，他的行为主要影响到团队内部，而中高层的研发角色，他的行为就会影响到整个研发部门甚至整个组织的利益。表 2–7、表 2–8 和表 2–9 分别是营销、研发和管理三类岗位的关键区分点示例。

表 2-5 国际通用的管理类 3~5 级行为分级标准框架

| 级别 | 行为标准框架（示例） | |
|---|---|---|
| 高级（五级） | 对事的管理 | 清晰把握公司战略方向，组织或作为核心成员参与制订公司 3~5 年的中长期发展战略规划，提出公司战略目标、商业模式及路线图，拟定重大战略举措及资源需求、风险防范措施，并组织分解落实 |
| | 对人的管理 | 根据战略和业务发展，明确中高级人才选拔任用标准，组建中高层管理团队，指导制订公司或核心业务领域的人力资源需求规划，明确公司激励政策的原则 |
| | 对组织的管理 | 组织或作为核心成员参与塑造公司的使命、愿景和核心价值观等企业文化的核心要素，发起公司业务与管理的重大变革，以及建立公司或某核心业务领域的组织架构、流程架构 |
| 中级（四级） | 对事的管理 | 组织制定本部门的发展策略与运营管理制度。在公司总体战略框架下，组织制定本部门的发展目标、计划、重大举措及资源需求、风险防范措施 |
| | 对人的管理 | 选拔和培养所辖部门的人才，建立部门人才梯队和团队氛围，推动本部门团队的跨部门协作 |
| | 对组织的管理 | 根据公司的核心业务流程架构和公司组织架构，承担本部门的核心业务流程、组织架构的构建和运作管理 |
| 初级（三级） | 对事的管理 | 主导制订本部门的年度工作计划，带领团队完成任务的全过程管理（工作任务分配、过程监控等）。组织协调相关资源，解决工作中的具体业务问题 |
| | 对人的管理 | 选拔团队人才，负责所辖团队的人才培养和人才激励，倾听员工诉求，合理分配工作任务 |
| | 对组织的管理 | 参与本部门内的管理变革项目，理解并传递公司的文化导向，带领团队按照业务流程和制度规范的要求开展工作，参与设计团队架构和岗位说明书，明确团队的职能定位 |

表 2-6 国际通用的专业类 1~5 级行为分级标准框架

| 级别 | 行为标准框架（示例） |
| --- | --- |
| 资深专家（五级） | • 具有系统全面或精深的知识和技能；<br>• 能够洞悉和准确把握本专业的发展趋势，根据公司的战略规划，制订专业发展规划；<br>• 能够对公司核心业务领域的战略制定或重大经营活动提供决策支持或专业解决方案；<br>• 推动专业水平的发展，专业水准为同行认可 |
| 专家（四级） | • 对某领域有深刻而广泛的理解；<br>• 具有创新思想和方法，可以解决本专业领域的疑难问题；<br>• 能够对核心业务领域的经营运作提供专业化支持；<br>• 作为资源为他人提供有效指导 |
| 骨干（三级） | • 具有某一领域的技术专长；<br>• 主导完成本专业领域工作，指导开展常规、例行化工作；<br>• 能够设计、优化某一模块的规则、制度，并推动实施；<br>• 为他人提供一些专业支持 |
| 有经验者（二级） | • 具有独立完成工作所需的知识和技能；<br>• 独立完成常规、例行化的工作；<br>• 能够独立解答所负责模块的相关原则、制度等一般专业问题；<br>• 执行公司标准、流程和制度规范 |
| 初做者（一级） | • 学习本岗位工作所需的知识和技能；<br>• 具有基本的技术和胜任力，在他人指导下承担简单或辅助性工作 |

掌握了行为分级技术的意义不仅在于提高了评估员工的能力水平，更在于不断培养提升员工的能力，保证员工持续地产出高的工作绩效。

表 2-7 营销类岗位关键区分点（示例）

| 模块 | 工作技能要项 | 一级 | 二级 | 三级 | 四级 | 五级 |
|---|---|---|---|---|---|---|
| 业务推动 | 商机的挖掘与分析 | • 在指导下参与收集客户及市场信息；<br>• 理解客户基本操作要求 | • 参与收集和分析客户及市场信息<br>• 识别明显商机并有效传递 | • 深刻理解客户与市场需求；<br>• 独立分析并发掘潜在商机，对业务发展产生积极作用 | 已达标 | 已达标 |
| | 营销策略的策划与实施 | 不要求 | 不要求 | 参与管辖区域、产品或行业营销策略的实施 | 主持管辖区域、产品或行业营销策略的实施，有效规避风险和威胁 | 规划与指引管辖区域、产品或行业营销策略的制定 |
| | 客户关系的建立与维护 | 在指导下参与建立、维护公司一般客户的中基层客户关系 | 参与建立、维护公司一般客户和大客户的中基层客户关系 | • 主持建立、维护公司一般客户的高层客户关系；<br>• 参与建立、维护公司重大客户和大客户的高层客户关系 | • 主持建立、维护公司大客户的高层客户关系；<br>• 作为核心成员参与建立、维护公司重大客户的高层客户关系 | 主持建立、维护公司重大客户的高层客户关系 |
| | 销售项目的运作及订单获取 | 不要求 | 成功运作小项目，并获取订单 | 成功运作常规项目，并获取订单 | 成功运作重大项目，并获取订单 | 成功运作战略项目，并获取订单 |

续 表

| 模块 | 工作技能要项 | 一级 | 二级 | 三级 | 四级 | 五级 |
|---|---|---|---|---|---|---|
| 业务推动 | 订单的履行 | 在他人指导下协助履行订单（包括下达生产计划、催货、发货、与客户对账等） | 作为独立承担者参与履行订单（包括下达生产计划、催货、发货、与客户对账等） | 主持履行订单（包括下达生产计划、催货、发货、与客户对账等） | 已达标 | 已达标 |
| 发展规划 | 营销规划的设计与推行 | 不要求 | 不要求 | 不要求 | 作为核心成员参与公司营销业务发展规划的设计与推行工作，提出两个以上战略相关意见与建议 | 指引和规划公司营销发展方向，主持设计公司营销发展规划，制定营销关键性策略 |
| 组织贡献 | 经验总结与分享 | 不要求 | 不要求 | 作为核心成员参与搭建本专业的经验交流平台，进行内部交流分享 | 跟踪专业前沿趋势，撰写营销案例、管理案例，主持编写指导手册，建立内部经验交流平台，进行内外部交流分享 | 精通营销类的专业理论，编写专业著作或在行业论坛上受邀进行专题发言，产生良好的外部影响 |
| | 人才指导与培养 | 不要求 | 不要求 | 指导新员工 1 人 | 培养三级员工 1 人 | 培养四级员工 1 人 |

表 2-8　研发类岗位关键区分点（示例）

| 模块 | 工作技能要项 | 一级 | 二级 | 三级 | 四级 | 五级 |
|---|---|---|---|---|---|---|
| 日常管理 | 概念与需求确认 | 不要求 | 不要求 | 参与单一产品特性定义、可行性分析 | 参与单一产品系列特性定义、可行性分析 | 组织、指导各产品系列特性定义、可行性分析 |
| | 开发设计 | 在指导下进行单一产品系列成熟改进型产品在单一领域的详细设计 | 独立进行单一产品系列成熟改进型产品在单一领域的详细设计 | • 制订单一产品系列在单一领域的概要和架构设计方案；<br>• 组织指导单一产品系列在单一领域的详细设计；<br>• 参与技术攻关 | • 主导制订单一产品系列的概要及架构设计，审核两个领域的概要及架构设计方案；<br>• 指导单一产品系列的复杂产品开发；<br>• 组织技术攻关 | • 组织、指导各产品系列的概要及架构设计；<br>• 指导集团战略产品开发 |
| | 技术创新 | 不要求 | 不要求 | • 收集技术、市场信息，编制分析报告；<br>• 参与单一产品系列在单一领域的新技术、新研发 | • 审核分析报告，提出技术创新立项申请；<br>• 组织、指导单一产品系列跨领域的技术创新；<br>• 指导新技术应用 | • 组织技术创新立项评审；<br>• 组织指导集团战略性技术创新 |

续 表

| 模块 | 工作技能要项 | 一级 | 二级 | 三级 | 四级 | 五级 |
| --- | --- | --- | --- | --- | --- | --- |
| 技术规划 | 研发技术规划 | 不要求 | 不要求 | 不要求 | 提供研发技术规划设计的相关信息，提出规划建议 | 作为核心成员参与设计研发技术规划，提出建议与方案 |
| 组织贡献 | 技术平台与标准建设 | 在设计中能够选用恰当的标准化技术方案和元器件 | 参与建立或完善本专业模块的标准化设计 | 指导相关人员在开发过程中选用标准化的技术方案 | 作为核心成员参与某技术平台的开发设计 | 主导或作为核心成员参与共用技术平台的开发设计 |
| | 流程与制度规范建设 | 在指导下严格执行 | 严格执行并指导 | 严格执行，提出优化建议方案 | 参与流程设计与优化 | 主导公司研发技术流程的设计与优化 |
| | 人才培养 | 不要求 | 不要求 | 指导新员工 1 人 | 培养三级员工 1 人 | 培养四级员工 1 人 |

表 2-9 管理类岗位关键区分点（示例）

| 模块 | 工作技能要项 | 三级 | 四级 | 五级 |
| --- | --- | --- | --- | --- |
| 对『事』的管理 | 战略洞察 | 不要求 | • 动态收集和分析信息；<br>• 组织制定本业务或职能领域的策略 | • 预测行业未来发展趋势；<br>• 组织或作为核心成员制订公司 3~5 年的战略规划 |
| | 目标计划管理 | • 组织制订团队和任务工作计划，并合理分配，监督执行；<br>• 合理分配团队资源 | • 组织制订本领域的年度工作计划，并组织本领域推进实施；<br>• 有效获取、分配和利用本领域资源 | • 组织或作为核心成员制订公司年度经营计划，并组织各部门实施；<br>• 制定公司资源获取、利用的方针，并在公司内分配 |
| 对『人』的管理 | 人才管理 | • 选拔基层人员；<br>• 善于发现下属的优缺点，有针对性、有计划地培养下属；<br>• 理解员工诉求，实施针对性激励 | • 参与制订所辖领域的人员规划，选拔骨干成员；<br>• 组织培养本领域的人才梯队；<br>• 能够设计激励措施，因人而异进行激励 | • 指导制订公司人力资源需求规划，选拔中高层团队成员；<br>• 组织建立并培养公司人才梯队；<br>• 设计核心人才激励方案 |
| | 团队管理 | 带领部门和团队，能够根据团队及成员的特点、工作负荷等有效分配工作任务 | • 建设本领域氛围；<br>• 跨部门协作 | • 制定氛围建设方针；<br>• 统筹协调公司各团队 |

续 表

| 模块 | 工作技能要项 | 三级 | 四级 | 五级 |
|---|---|---|---|---|
| 对『组织』的管理 | 变革管理 | 不要求 | 及时识别本领域的变革征兆，提出公司管理变革的建议，或者发起本领域内的管理变革项目 | 发起公司级管理变革项目（包括企业文化、组织、核心业务流程等） |
| | 企业文化建设 | 理解并准确传递公司的文化导向，能够通过解答、演示等方式让下属理解公司的核心价值观和行为准则 | 运用多种方式在本业务领域充分宣传公司的核心价值观和行为准则 | 领导塑造组织的使命、愿景和核心价值观等企业文化的核心要素 |
| | 组织平台建设 | · 设计团队架构与岗位职责；<br>· 设计二、三级流程制度 | · 组织设计本业务领域的核心业务流程；<br>· 设计本领域的组织架构 | · 制定公司流程框架；<br>· 制定公司组织架构 |

## 确保人力资本的流动性

《吕氏春秋》云："流水不腐，户枢不蠹。"意思是说一直流动的水不会腐臭，经常开合的门枢不会生虫。同样的道理，只有让人力资本流动起来，才能保持活力和动态最优的人岗匹配率，从而为客户持续创造最大价值。

财务资本的流动性，是大家最熟悉的概念。绝大多数的企业并不是因亏损而死，而是因失血而亡，也就是现金流断裂。因此，确保企业现金流的安全，就成为企业家关注的战略性事件。

与此同时，企业往往会忽视人力资本的流动性。比如，很多关键岗位的人才胜任率很低，但依然没有通过内部调整或外部引入加以改善。再比如，某些关键岗位的人才，初期阶段的胜任力很高，但因为居功自傲、不思进取，成长进步缓慢，目前已经不再能胜任岗位要求，却依然占据着关键位置。

一般而言，随着企业的规模化发展，企业人力资本的流动性开始下降，最典型的表现就是：员工进来容易出去难，上去容易下去难。对人体而言，新陈代谢指数能够衡量人的健康状况或者生理寿命；对企业而言，新陈代谢指数同样可以衡量企业的健康和寿命。

改革开放的前20年，中国有三大民营企业聚集地：一个是浙江的温州，是浙商的代表；一个是广东的潮阳汕头，是粤商的代表；还有一个就是福建的泉州晋江，是闽商的代表。这三大企业聚集地都有过非常辉煌的时期，涌现出了众多著名的企业，但是现在却不约而同地出现增长乏力的现象。其中的原因有很多，但在我看来有一个致命原因，就是企业内部人才的流动性匮乏。

有一次，深圳华强北的一位潮汕企业家邀请我到他的办公室。我发现他的办公桌上摆了一个玉质的貔貅，就问他为什么要摆放这个。他说，貔貅代表只进不出，也就是财源广进的意思。

我当时就半开玩笑地说："从新陈代谢上看，人不可以一天只进不出，企业也是一样，有进也要有出，否则就会失去活力。就像盖房子一样，只有上水道没有下水道，就必然会产生污垢沉淀。"

听完我的话，这位企业家马上联想到了自己企业在人才管理上出现的一些问题。有些人才在刚刚招聘进来的时候很有能力，但随着时间的推移，相当一部分人才变得思维老化、不思进取，但这些人的岗位却依然雷打不动、稳如泰山，由此造成团队战斗力的持续衰退。

2018年，任正非在接受索尼首席执行官吉田宪一郎先生的采访时说过，企业长期成长的两大法宝就是：战略要大致正确，组织要充满活力。因为在不确定时代，战略不可能完全正确，因此要不断地迭代矫正。与此同时，组织活力递减是企业面临的更大问题，由于活力减退，企业会逐渐走向消亡。

如何让企业长期保持活力，是企业发展的重大课题。这里，先给大家介绍几个最基本的动作要领。

## 全面推行任期制管理

企业中所有的职位原则上都采取任期制管理，最长任期不超过三年。任期内每年都要进行“九宫格”评估，以此决定留任或调整。任期届满，绝大多数岗位要做出调整。这样，既可保证人岗匹配的动态化最优，又可以防止出现人才板结所造成的本位主义或山头主义。

以华为为例，32 年观察下来，除了任正非、孙亚芳等少数人物之外，其他重要人才在一个岗位上的任职时间均不超三年。任期制管理的贯彻执行，让管理者以公司整体利益为己任，拥有很强的大局观和横向协作意识。另外，在不断提升人岗匹配度的同时，岗位的动态化管理也提升了人才能力成长的速度。

## 动态管理人才的离职率

人才离职率过高，是企业遇到的一大难题。同时我也要告诉大家，人才离职率过低，同样是企业必须关注的另外一大难题。

记得当年 IBM 顾问给华为做咨询的时候，曾经展示过一组华为离职率的数据，并问我们如何看待这个问题。当时大家的普遍观点是如何有效降低核心骨干人才的主动离职率。

然而 IBM 顾问却反其道而行之，他郑重地告诫我们，华为当时 5% 的总离职率不是太高而是过低。按照他们的统计数据，国际领先企业中知识型员工的离职率在 10%~20% 的区间才是合理的。

道理很简单，企业所处的外部市场环境、客户需求和技术水平都在不断地变化，因此企业不仅要考虑人才的内部流动性，也要考虑外部流动性。通过与外部人才的不断交换，不断引入新鲜血液，才能保持人才队伍的长期活力。

## 动态管理人才的数量和结构

首先，人均产出（销售收入 ÷ 平均人数）的持续提升，是所有企业需要关注的最基本的人才数量指标。同时，人才结构的合理性是企业必须关注的另一项指标。

这里，最容易操作的就是企业员工年龄段的合理性。对于中国的绝大多数企业而言，知识型员工的平均年龄在 25~28 岁是基本合理的区间范围。有些企业员工平均年龄超过 30 岁，就需要关注原因并思考对策了。还有个别企业，员工平均年龄接近甚至超过 40 岁，则需要重点关注并尽快解决队伍老化和人才断层的问题。

其次，部分优秀企业还会关注关键人才的梯队层次的合理性问题。从国际企业的实践经验看，同一类人才自下而上呈钻石形结构。如前所说，如果我们把专业类人才大致分为 5 层——初做者、有经验者、骨干、专家、资深专家，那么除了企业高速扩张期之外，初做者的人数应该少于有经验者（基层岗位的主力军），否则工作进度和质量都难以保证。之后的人数会逐级递减，但不要出现人才的断层。

除了以上三大动作要领，要想保持企业人才队伍活力，就需要在人才的退出机制上下功夫。企业只有把“下水道”做好，“上水道”才会畅通无阻，人才的流动性问题也才能得到更加有效的解决。

## 适当运用人才退出机制

谈到退出机制，首先想到的就是裁员，或者说辞退。其实，辞退只是退出机制中的一种方式，况且，对于许多国有企业而言，也很难采取规模化的裁员方式。因此，这里重点讲一下其他四大常用的退出机制。

### 辅业分流

所谓辅业分流，就是一个员工原来在主业担任重要岗位，在已经无法胜任的情况下，可以调配到辅业的重要岗位上去工作。有位企业家曾经问我，他的公司只有主业没有辅业，该怎么办呢？很简单，那就做一个辅业出来。主业都能做，创建辅业也不应该是问题。

在一次内部会议上，任正非说："我刚刚住了一下迪拜的帆船酒店，非常棒。我准备在深圳观澜建一个比帆船酒店档次更高的酒店，而且至少要盖 85 层。"

任正非接着又说："我要任命一名大堂经理，80 多名楼层经理，这样我们 80 多位中层干部就有地方去了。"

当然，这只是个玩笑，华为并没有修建超豪华酒店，而是成立了一家名为慧通的公司，专门从事企业商旅服务。通过成立辅业公司的方法，华为成功分流了很多元老干部。

## 角色转换

角色转换是指从执行层职位转换为非执行层岗位。

企业有两种非执行层岗位，一类就是大家所熟知的董事会成员。从高层管理岗位转换成为董事会成员之后，非执行董事可以利用自己在某些专业上的丰富经验，继续为公司做贡献，例如风险管理、协调政府关系等。

但是，董事会的席位毕竟有限，想要让更多的元老平稳退出管理层，另外一种可行的做法就是成立顾问委员会，这样可以将退出执行层的中高级管理者转换为公司顾问。顾问可以为公司发展建言献策，但不具有管理决策权。

作为一家人才管理与组织发展领域的咨询公司，我们曾经帮助很多企业成立顾问委员会。顾问委员会中虚实结合，既有不同领域高水平的专家顾问，也有一些从管理层退下来的荣誉顾问。这样，顾问委员会在为公司发展做出应有贡献的同时，也解决了元老的妥善安置问题。

## 提前退休

这种模式大家最容易理解，让一部分“老人”在尚未到达法定退休年龄的时候提前退休，并支付给他一笔提前退休的补偿费。

这样做虽然会在短期内给企业带来一次性的财务支出，但是从长远的角度考虑，企业的收益巨大。这样做既可以避免这些“老人”继续不作为，对组织氛围和团队绩效带来负面影响，同时也能腾出重要的岗位让年轻人才拥有更多的发展机会。

2004 年开始，华为做出了一项规定：工龄 8 年以上，年龄 45 岁以上，达到一定的职位要求，就可以申请提前退休。提前退休的时候，员工可以全部或者部分保留华为的股票（虚拟受限股）。只要签订并履行一份包含某些限制性条款的协议，提前退休人员就可享有股票的收益。只要华为不倒，他们的生活就有基本的保障。

这个政策的价值究竟有多大？我给大家讲一下当时真实的感受。我当时的工号是 3840，基本上算是准元老级员工了。但当时我的团队成员中就有两个工号是 100 多号的员工，他们才是真正意义上的元老，我们内部称他俩为“大爷”。他俩奋斗精神全无，干起活来吊儿郎当，跟华为文化完全相悖。他们根本不在意调薪加奖，因为相比股票分红带给他们的巨额收益，工资和奖金就如同零花钱。因为这样人的存在，整个团队的氛围开始变差，不把这帮人提前“送”出去的话，华为的奋斗精神根本不可能得以延续。

## 内部创业

在互联网企业或新兴企业中，最常见的退出机制就是内部创业。企业给大家一些创业机会，通常还会连带提供一定的政策来扶上马送一程。

腾讯曾经走过很多弯路。比如，在搜索引擎、电子商务领域，腾讯的独立经营都没有取得良好的成绩，最后只得选择与外部企业合作。这时候，原来从事这些业务的员工就面临着结构性裁员的现实。

这些员工不仅认同腾讯的文化，而且能力也不存在问题，裁员只是因为公司业务的原因。对于这样的人才，如果一裁了之，是腾讯巨大的损失。于是，腾讯的创业基金就会对这些离职人才的创业项目进行投资。这就是典型的内部创业案例。

OPPO 强大的经销商团队，业内有目共睹。我曾经询问过 OPPO 的一位高管："为什么你们的经销商团队如此厉害？"

他给出了很多原因，在我看来，其中最关键的一点便是 OPPO 与经销商之间是基于共同价值观而形成的长期利益共同体。

当年初建经销商团队的时候，其中一些管理者和骨干都是由原来生产线上的很多管理者来担任的。在自身发展走向瓶颈的时候，OPPO 对他们给予扶持与培训，让他们成功转型成为公司产品的经销商。这帮人既实现了职业生涯的转型发展，又把 OPPO 的价值观带进了经销商团队。共同价值观所带来的凝聚力和战斗力，让他们在市场上长期所向披靡。

记得当年有位英特尔公司亚太区的高管和我交流时曾经提到过一个观点，他说英特尔公司辞退员工不叫"辞退"或者"裁员"。我问他叫什么，他给出的答案是"放生"。听到这个答案之后，我思绪万千，不由得想起了阿木的那首歌曲《有一种爱叫作放手》。

仔细琢磨一下的确如此，恰当运用人才退出机制，对企业和员工是一种"双赢"结果。让不能胜任的人继续留在重要岗位上工作，对企业和个人都是极端不负责任的。一方面，企业必须要帮助员工发展，实现员工与企业的共同成长；另一方面，企业也绝对不能为了部分人进步迟缓或者退步而放慢自身前进的脚步。

# 03

# 干部任用之道

## 既要任人唯贤，还要动态管理

中国有句老话：上梁不正下梁歪。就干部管理而言，任正非和马云算得上是出类拔萃的了，因此涌现出余承东、张勇等统帅人物以及大量的梯队将领。干部管理，既要坚定地激励奋斗者，也要严厉地打击惰怠和腐败。核心要点有两个：一是德才兼备，以德为先；二是动态管理，能上能下。

# 利用轮值制拉近决策与执行

## 华为的轮值制

高层干部的轮值制，算得上是华为对中国企业干部管理的一大贡献。

### EMT 轮值主席

从 1998 年开始，华为邀请以 IBM 为代表的国际咨询顾问公司帮助自己进行组织能力的建设工程。在组织系统搭建的过程中，为了逐步摆脱对任正非个人的高度依赖，并在实战中考察培养并选拔接班人，IBM 提出建立 EMT（executive management team，经营管理团队）的建议。华为确定了由 8 名核心管理者来担任 EMT 成员，并选择了以轮值主席的方式进行运作。这其实是对过去以任正非一人为核心的，总裁办公会议决策制度的重大改变。

相对过去“一言堂”的决策模式，EMT 能够更有效地整合华为核心层的不同想法，最大限度地保证决策的基本正确。EMT 的会议不仅仅是 8 位成员参与，还可以根据需要，让与决策议题相关的其他主管及专家列席，在保证决策效率的同时，最大限度地实现群策群力。

### 轮值 CEO 制度

在 EMT 运作形成了成熟的高层轮值机制之后，2011 年，华为又开创了轮值 CEO 制度，即选出 EMT 核心成员中的三位，轮流担任公司的 CEO，任期为 6 个月。轮值期间，CEO 的主要工作内容包含两个方面：第一，提升公司的整体业绩水平和长期竞争力；第二，领导处理突发和紧急事件。至于常规化和局部化管理，依然沿用 EMT 的管理模式。

通过轮流担任企业的 CEO 职位，核心管理者的领导力可以得到更好的锤炼和考验，有效提升了他们处理重大事务的能力、战略洞察力和组织影响力。

在轮值期间，轮值 CEO 既要保留原来的职位，对所辖部门的工作进行管理，同时也要作为 CEO 综合协调其他部门，统筹管理公司整体。他们能够更加全面地理解其他部门的业务焦点和困难问题，把握好各个功能团队之间的平衡。同时，他们学会了面对董事会时的管理艺术，促进了各项决策的顺利实施。

轮值 CEO 制度，让企业经营的容错率提升。上一任轮值 CEO 在任内出现的某些差错，下一任轮值 CEO 能够做到快速调整。当然，确保三位轮值 CEO 交替过程的无缝衔接和决策信息的高度同步，是轮值制需要面对和解决的重大难题。

轮值 CEO 在任期结束后，会回归到 EMT、董事会中继续担任自己原来的职位，除非发生原则性错误或年龄偏大，否则基本不会离开核心决策层。所以重大事项的共同决策，也是轮值 CEO 和核心管理人员相互取长补短的过程，从而实现了核心管理层的整体进步。

任正非曾说：“轮值的好处是，每个轮值者，在一段时间里担负了公司 CEO 的职责，不仅要处理日常事务，而且要为高层会议准备文件，大大地锻炼了他们。同时，他不得不削小他的‘屁股’，否则就达不到别人对他决议的拥护。这样他就将自己管辖的部门带入了全局利益的平衡，公司的山头无意中在这几年削平了。每个轮值 CEO 在轮值期间奋力地拉车，牵引公司前进。他走偏了，下一任的轮值 CEO 会及时纠正航向，使大船能早一些拨正船头，避免问题累积过重得不到解决。”

## 轮值董事长制度

到 2018 年，在日趋成熟的轮值制的基础上，华为又一次对团队管理模式进行了升级，制定了轮值董事长制度。

董事会作为代表公司股东权益的最高权力机关，在企业的经营中，行使最高的战略决策权力。与此同时，因为 EMT 的核心成员基本也都是董事会的成员，所以从某种程度上说，EMT 决策与董事会批准这两个环节的效率大大提升。

另外，两个层面的区别依然要充分体现。董事会要维护客户与股东的利益，负责监督企业的运营，一旦企业发展出现问题，董事会有权对发展路线进行调整，并左右执行层管理者的去留。因此，董事会还设立了常任董事长（非轮值董事长担任），作为董事会的组织领导者，负责主持公司的董事会和董事会常务委员会。

在具体操作中，轮值董事长的任期也是半年，目前依然是郭平、胡厚崑、徐直军三位前任轮值 CEO 轮流担任。可以简单地理解为，华为的轮值董事长与轮值 CEO 是同一拨人，这是美国 70% 企业采用的主流模式（董事长兼 CEO）。

轮值董事长制度的出现，进一步将决策与执行之间的距离拉近，有效避免了很多企业决策与执行脱节的“双簧”难题。

## 实施轮值制的注意事项

当然，其他企业想要学习华为的这种轮值制，还有两个重要事项提醒大家注意。

### 最高领导者的一票否决权

现有轮值 CEO 或轮值董事长的能力，与任正非依然存在较大差距。因此，为了防止重大决策失误的出现，还需要保留关键事项的一票否决权。在华为，任正非作为企业的最高领导者，目前依然保留对管理团队最终决策的一票否决权。

### 轮值制度的与时俱进

我们不能否认，轮值制度的产生是基于华为特定的发展阶段和发展环境。其他企业学习借鉴的时候，必须要首先明确轮值制度的目的和由此衍生出来的相关问题。华为轮值的目的，与组织领导力发展阶段高度相关，目的是为了逐渐摆脱对任正非的高度依赖。从目前运行的效果来看，虽然初见成效，但依然任重道远。正如任正非所说：“轮值制度是不是好的办法，还需要时间来检验。”

从另外一个角度看，中国的绝大多数企业都依然是创始人担纲模式。无论是华为还是大量准备“二代”接班的企业，都在试图突破这种模式对企业长期发展的限制。因此，即使 EMT 团队领导模式和轮值模式存在这样那样的弊端，也依然值得中国企业认真研究，并结合自身的实际来尝试。

## 选拔干部的“三优先”法则

一般情况下，选拔干部是基于干部的领导力或胜任力的标准，我们在前面章节已经有所阐述，包括把干中选才的九宫格应用在选拔干部方面。

除此之外，还有哪些条件是选拔干部中需要重点关注的呢？这里，我们为大家介绍华为选拔干部的“三优先”法则。

### 优先选拔有成功实践经验团队中的佼佼者

20世纪90年代末期，为了快速与国际接轨，华为从国内高校中招募了一大批拥有MBA（工商管理硕士）学历的毕业生。工作不久，公司就把他们放到了管理岗位，最后的结果是存活率极低。我们这才明白，领导和管理都是实践性很强的科学和艺术，理论水平再高，缺乏实践的管理者只会纸上谈兵。因此，我们开始选择另外一条发展道路，即着重从实践中选拔和培养干部，并引进了英国的任职资格管理体系。在干部选拔中，华为不再看重人才的学历和各种证书，而是更加侧重于员工在实践中表现出来的行为能力。

莎士比亚曾经说过这样一句话，“一个人的经验是在刻苦中得到的，也只有岁月的磨炼能够使它成熟”。对此我深以为然。很多事情，只有你亲身经历，才会了解其中的关键要点；只有随着经验的积累和在失败中感悟，个人的实战能力才能迭代增强。

因此，在企业的干部选拔工作中，基层工作经验是必需的一项评价指标。没有经历过基层岗位磨炼的干部，经常会犯照本宣科的错误——依照理论认知来管理具体工作，在面临多变复杂场景的时候，就会漏洞百出。

总结多次经验教训之后，任正非说：“公司内部选拔干部要选择有实践经验的人，没有实践经验的不要。挑选干部就是不唯学历论，就是唯实践，唯认真负责的精神。”

华为的干部选拔制度，内部称之为“上甘岭”式的选拔。以前线主将“少将班长”为例，他需要具备市场洞察力和目标执行力两大基本要求。第一步，我们会从候选人过往的实践经历中看他是否具备这两项能力特征。对市场洞察力的评估，就是看他是否能够快速理解市场环境、客户需求和竞争态势；对目标执行力的评估，就是看他过往挑战性工作的目标达成率。初选达标之后进入第二步，即实战式培训，培训答辩合格后才能委任上岗。第三步，在实战中，运用前面所讲的绩效与能力“九宫格”，来检验他是否真正具备“少将班长”攻坚克难的实战能力。

这其实就是企业里通常所讲的“赛马”原则。将军是“打”出来的而不是“讲”出来的，说到与做到之间差距很远。战斗的过程中，战略可能出现错误，一次甚至多次的战术性失误也完全能够理解，但一直打败仗就说明团队中存在严重问题，所以带病提拔的风险极大。

以第三次国内革命战争为例，林彪和粟裕带领的队伍更有机会涌现出战斗力强、善于啃硬骨头的干部。任正非说："只有敢于胜利，才能善于胜利。'宰相必起于州部，猛将必发于卒伍。'我们各级部门，要善于从成功实践者中选拔干部。没有基层实践经验的干部，需要补上这一课，不然难以担起重任。"

> 在华为的干部选拔制度中，有这样两条规定：第一，做出突出业绩的团队，晋升干部的机会更大；第二，连续完不成业绩目标的团队，管理者要免职，副职虽然保留，但不得直接晋升为正职。
>
> 华为的制度不仅确保了在具备成功实践基础的团队中优先选拔人才，同时也规定了出现问题团队的管理者的处理办法。虽然正职需要承担主要责任，但副职同样没有尽到自身应有的辅佐职责。

这种干部选拔制度有两层含义：一是业绩优秀的团队，是优先级最高的干部资源池；二是需要从反面来理解，业绩屡屡出现问题的团队，其主要管理者获得晋升的机会就会降低。

## 优先在艰苦地区选拔干部

大苦大难成就英雄豪杰，是历史留给我们的宝贵经验。但凡取得卓越成就的人才，必然都经历过"酷暑严寒"的极限挑战。逆境成才，已经是放之四海而皆准的人才成长法则。

从更加实际的角度去看，企业在发展过程中必然面对许多严峻任务。最常见的就是新商业模式的建立、新市场的开拓、新产品的开发等。这个过程既可以锻造人才的卓越能力，更是对人才意志品质和使命感的最佳检验。

> 任正非有一句话："磨难是一笔财富，而我们没有经过磨难，这是我们最大的弱点。我们公司经过10年的顺利发展没有经历过挫折，不经历挫折，就不知道如何走向正确的道路。"正所谓大浪淘沙，唯有艰难险阻，才能真正考验一个人的实战能力。

许多人在顺境中一路高歌猛进，但遇到危难就临阵脱逃。当年黄埔军校毕业的国民党中将孙元良，就被"誉为""飞将军"，即遇到强敌立刻就溜。因此，企业最好的选才方式之一，就是看他们在艰苦环境中的表现。能够"爬雪山、过草地"的人才，方能担当大任。尤其是对企业文化认同度的检验，必须在极端条件下才能得到淋漓尽致的展现。

> 当年我在华为的时候，曾经被任正非"发配"到内蒙古做市场营销，而且负责的是内蒙古的偏远地区乌海和阿拉善。刚开始的时候我很难接受，认为他要借此"干掉"我。但是，经过5个月的历练之后，我的想法有了本质的改变。

因为自己在华为初期的发展太顺，快速提拔滋生了骄傲自满情绪，工作责任心和客户服务意识都与高层领导的要求差距很远。内蒙古之行，不仅让我更加坚定地认同华为的核心价值观，我个人的成长观也因此彻底改变。

离开华为创业，我曾经遭遇过很多艰难挫折，但当年练就的无畏精神，让我始终乐观地走到了今天。

同理，华为的海外市场异常艰苦，因此，是否在海外艰苦环境中坚持下来并取得成绩，就成了华为选拔干部的优先条件。

## 优先选拔责任感强、有自我批判精神、有领导风范的员工

先和大家分享一个关于牧羊的常识。

> 在草原地区，一个牧民会饲养几百只甚至几千只羊。他们每天的工作内容就是在特定的时间将羊群放出羊圈，赶到草场，然后在特定的时间再把羊群从草场赶回羊圈。在这个过程中，牧民不会去细致地管理每一只羊，他的注意力都放在了那只头羊的身上。因为其他羊会主动跟随头羊移动，所以牧民只需要把头羊顺利地带到目的地，羊群自然也会跟着到达。

团队管理也是如此。通常来说，团队管理者为人处世的风格会在很大程度上影响团队成员和整个团队的“队形”。一个具有强烈责任感的领导，自然能够培养出一支同样重视责任的人才队伍。

> 任正非曾经说：“一个职业管理者的责任与使命，就是为了完成组织目标而奋斗。以组织目标的完成为责任，缩短实现组织目标的时间，节约实现组织目标的资源，就是一个管理者的成就。权力不是要别人服从你，而是要你告诉大家如何一起干。”

除了工作风格之外，管理者自我提升的意愿和方法也会影响到团队成员学习进步的速度。如果在工作过程中，管理者能够进行自我批判，坦然承认自己的错误并及时改正，就能给团队成员树立一个积极的榜样。自我批判精神融入团队之后，团队成员也能从中发现自身的问题，从而加速自己的改正和提升。

任正非认为："我们要在公司内部允许对自己的上级、对自己的部下进行批评，否则人人都顾及影响，都做'好人'，企业管理的进步就无从说起。团结、沟通是我们工作的永恒主题。任何一个干部，不仅要团结与自己意见一致的人，也要团结那些与自己意见不一致的人。做不到这一点就谈不上接班人，就永远不会得到提拔。"

因此，如果管理者仅仅是业务能力突出，但心胸狭窄，嫉贤妒能，即使他能够做出优异的成绩也不会得到团队成员真正的认可，自己的上升通道就会变窄。作为管理者，能够让员工信服的关键不是个人业务能力的高低，而是领导者的人格魅力。

正如任正非所说："高级干部要有领袖心态，要有全局观念。对下属要无私公正，不亲不疏，坚持以责任结果导向来评价干部，个人友谊或好恶不要卷进评价里面来。要勇于团结有不同意见的人，要把所有的干部员工看成实现自己或组织目标的战友和伙伴。要善待员工，善待干部，建立起'士为知己者死'的团结奋战群体。要充分发挥员工、干部在主航道上的主观能动性与创造精神。"

在归纳以上“三优先”法则的基础上，任正非提出了华为公司在选拔干部过程中需要坚持的“四项基本原则”。

第一，管理者要具备踏实的办事能力、强烈的服务意识与社会责任感，能够不断提高自身的管理能力。

第二，管理者要具备领导的艺术和良好的工作作风。团结、沟通是管理工作的永恒主题，任何一个管理者不仅要团结与自己意见一致的人，也要团结那些与自己意见不一致的人。

第三，要站在公司的立场上选拔干部，决不能站在局部小团体、小帮派的立场上选拔管理者。

第四，管理者必须具有培养超越自己的接班人的意识，具有承受变革或调整的素质，这是企业源源不断发展的动力。

## “能上能下，能进能出”的动态管理机制

1996 年 1 月 28 日，历时一个月的华为“市场部集体辞职”活动落下帷幕。活动开始前，所有市场部正职干部，从市场部总裁到各办事处主任，都向公司提交了两份报告：一份是述职报告，主要检讨 1995 年的工作，提出下一年的工作计划；另一份是辞去正职的报告。公司将根据个人的实际表现、发展潜力及公司市场发展需要，批准两份报告中的一份。

市场部集体递交辞职报告之前，任总和大家说：“我热爱你们，特别是那些牺牲自己、为明天铺路的员工；但我也热爱明天，为了明天，我们必须修正今天。市场部人员的集体辞职，接受组织的评审，表现了他们大无畏的、毫无自私自利之心的精神，他们将光照华为的历史，是全公司员工学习的楷模。”

市场部代表郑重宣读自己的辞职书，紧接着由市场人员带头喊起：“前进，华为，前进，华为！”

竞聘上岗选拔之后，有 30% 的中高级干部从市场部的管理岗位上退下来。活动结束的时候，任正非发表了《当干部是一种责任》的讲话。他告诉大家：“在华为当官要理解为一种责任，一种牺牲了个人欢愉的

选择，一种要做出更多奉献的机会。当官才知责任大，才知担子重。”

与大多数企业干部的“升官发财”思路不同，华为对干部的要求首先是“责任”。为了让你更好地履行责任，企业会赋予相应的权力。一旦实践证明你无法履行责任，你就不再拥有相应的权力，同时离开原有的岗位。

> 在华为内部，被提拔的感觉往往是双重的，既感到自己的能力被认可，有机会获得更高的荣誉和奖励，又会有诚惶诚恐、如履薄冰的危机感。因为提拔的职位越高，承担的责任越大，对自己能力的要求也就越高，自己“下岗”的可能性随之也越大。
>
> 在华为，干部“三起三落”，甚至“七上八下”的例子有很多。曾经有一位高级副总裁，因为在岗位上犯下了严重的错误，被“贬为”一个小项目的经理。原先指挥千军万马，直接向公司 CEO 汇报，现在只带领三个小兵，成为自己原来下属的下属的下属，这种滋味是相当难受的。

经过多次的“上下”磨炼，华为人对“当干部就是一种责任”有了深刻的认识。长官意志、权力意识都被大大地弱化，大家都是以履行职责、实现目标为己任，“官兵”关系变得更加融洽，团队精神得以长期发扬光大。

反观中国的大多数企业，能上能下的机制没有很好地被建立起来。究其原因，不外乎以下两点。一是与中国传统文化中的“官本位”思想有直接关系，把当干部看成了权力和尊严的象征，从而颠倒了企业管理中责、权、利三者的次序关系——因为责任而赋予权力，因为履责而获取利益。二是没有建立能上能下的动态管理机制。“下来”的干部，只要在新的岗位上表现出色，依然会被重新提拔到重要岗位，不必担心自己的发展受阻。恰恰相反，经历过成败起伏、挫折磨难的干部，往往在后来的工作中，可以获得更大的成长机会和空间。

除了能上能下之外，能进能出也很重要。一部分干部，在经历了实践检验之后，发现自身的领导力存在明显的缺陷，即使经过系统化的培训，也无法在领导岗位上继续发展。这个时候，就可以做出转换发展通道的选择——不再担任干部，而是转岗成为专家角色。

当年在“市场部集体辞职”中退下来的干部，大部分转到了专家岗位。有的成了客户关系专家，专门负责大客户公关，有的转为市场策划专家，利用自己多年的市场经验，负责进行市场攻坚方案的拟订工作。

还有很多领导干部，经过多年的一线工作之后，身体状况出现了问题，不再适合担任“冲锋陷阵”的领导岗位，也可以转到二线机关，担任解决方案的专家、采购专家团的专家等专业岗位，以他们多年的经验和智慧继续为企业做贡献。

最近一段时间，学习华为成为一种潮流，但是，学来学去总是不得要领。以学习华为的干部管理为例，其中最难学的就是“能上能下”“能进能出”的动态管理机制。这一条如果学不到，则无法领悟到华为的精髓。

这里，我给出的建议就是循序渐进，学以致用。

步骤 1：深入学习华为干部的动态管理机制，让公司干部团队理解这种做法对公司和个人发展的重大意义。华为目前的三位轮值董事长，在个人 20 多年的职业发展过程中，都多次经受过这种考验。反观包括少帅李一男在内的一批顺境中成长起来的干部，后续发展反而会“江郎才尽”。

步骤 2：选出一小部分岗位，试行“能上能下”“能进能出”的动态管理机制。开始阶段，尽可能选择“劳苦功高”或者领导者身边最亲近的人“开刀”，这样才能起到模范带头作用，更容易赢得众人的信任。

1996 年“市场部集体辞职”的时候，任正非就是先把为华为交换机业务发展立下汗马功劳的市场部代总裁毛生江拿下，从而为其他干部的“能上能下”做出了表率。

1999 年我自己被拿下，除了个人胜任力的原因之外，还有一个重要原因就是我是任正非力排众议破格提拔上去的“自己人”。只有把我拿下，才能让大家感受到领导层的决心和意志。

步骤 3：将企业干部的动态管理制度化，并全面推行。前两个步骤完成之后，企业要总结经验和教训，并参照标杆企业的先进做法，形成企业干部动态化管理的规则体系。

表 3-1 是华为干部动态管理制度与其他企业的关键性差异，供大家参考借鉴。

表 3-1 华为干部动态管理制度与其他企业的差异

| 序号 | 干部动态管理的 5 个要点 | 华为 | 一般企业 |
|---|---|---|---|
| 1 | 干部甄选标准 | 明确，客观 | 模糊，主观 |
| 2 | 干部评价过程 | 公正，规范 | 人为，随意 |
| 3 | 干部梯队与继任计划 | 有 | 无 |
| 4 | 干部培养手段 | 高效锤炼 | 低效培训 |
| 5 | 干部动态管理 | 能上能下，能进能出 | 应急处理 |

## 七连环干部管理体系

在上面三节里，我们重点介绍了华为干部管理的一些关键性举措。但是，只有把干部管理的完整过程体系化、制度化，才能形成“良将如潮”的长效组织保障机制。这方面，华为采取了七步连环的系统管理模式。

图 3-1　华为干部管理体系

### 明确干部的使命和责任：“四抓”

首先，要让每一位干部明确自己所要担当的使命和责任。很多企业都会要求干部具有使命感和责任心，但几乎都没有把这种要求具体化，最后就变成了一句空话。

华为对干部使命的定义是：以企业文化为核心，管理价值创造、价值评价和价值分配，带领团队持续为客户创造价值，实现公司的商业成功和长期生存。

其次，华为把干部的使命落实为干部的“四抓”责任：抓文化、抓业务、抓效率、抓能力。

- 抓企业文化传承：践行并传承企业的核心价值观。
- 抓业务增长：聚焦客户需求和客户价值实现。
- 抓效率提升：开展端到端的业务流程建设和管理改进。
- 抓能力提升：均衡开展组织建设、队伍建设和团队运作。

以上“四抓”的要求，高度概括了华为干部的长期事业责任和中短期工作责任。其内在逻辑就是：企业文化是企业发展之魂，首先要植入干部内心；在企业文化（使命、愿景和核心价值观）的指引下，干部要带领团队发掘并满足客户需求，为客户创造价值；为了持续为客户创造价值，就必须要有业务管理和组织建设“双轮”来驱动。

## 建立干部的评价标准：“三有”

什么样的干部才是好干部呢？这就要求对干部要有衡量标准。华为从三个维度建立干部的评价标准：文化 + 绩效 + 能力。

- 践行核心价值观（企业文化）是衡量干部的基础，品德与作风是干部的资格底线。
- 绩效是必要条件和分水岭。
- 能力是持续取得绩效的关键成功要素，经验是对能力的验证。

华为的干部评价标准与对干部的使命和责任要求一脉相承。第一，干部要有“德”，也就是要践行华为的四条核心价值观，绝不能触碰价值观的底线。第二，干部要有“绩”，即完成自己的本职工作目标，并为达成组织目标做出贡献。第三，干部要有“能”，为了达成目标，干部要不断提升自己的业务能力和管理能力，没有干部的成长，就没有组织的成长。

在具体操作的过程中，践行华为的核心价值观、不触碰底线是一票否决项。三个维度的权重，可以根据企业发展不同阶段的重点要求和干部的具体层级，实施动态化管理。

## 明确干部的任用程序

华为的干部任用流程相对复杂，简而言之就是采取三权分立的模式。对于大部分企业，这一模式可以简单理解为：直接管辖领导具有干部任用的建议权；干部管理部门具有评议权，间接管辖领导具有审核批准权；公司最高管理机构具有否决权和弹劾权。

干部的任命决策分为年度任命决策和日常任命决策两种形式。年度任命决策往往与年度述职考核结果和组织调整变革相关，日常任命决策则采取一事一议、一人一议的方式。

干部任命的主要评价要素是目标岗位的胜任力要求和通用的三维（文化 + 绩效 + 能力）干部标准。

干部培养和能力发展的具体方法，我们将在第四章专门介绍，这里不再详述。

## 干部绩效评价与激励

华为采取分层分级的考核评价模式。高层关注长期目标，中高层兼顾中长期目标的达成和规划的落实，中基层关注短期目标的达成和过程行为的规范。

华为干部的绩效考核，既要考核结果，也要考核过程。对于一些短期无法达成结果的目标，会采取阶段里程碑节点达成率的考核模式。对于一些难以衡量的目标，如客户关系拓展、对周边部门的贡献等，则会采取关键过程行为的考核模式。

华为干部的绩效考核，坚持自己跟自己比的增量考核。比如，所辖部门的人均产出是否持续提升，客户满意度是否持续改善，组织效益是否持续提高，等等。

华为对考核不达标的干部采取末位淘汰制，主要规则如下：

- 年度 PBC（个人绩效承诺）排名尾部 10% 的干部要降职或调整，且正职免职后副职不能提拔为正职。
- 每个层级干部的末位淘汰率要达到 10%，且对上一级单位目标完成率很差的部门，干部末位淘汰的比例可以进一步提高。
- 已经降职的干部，一年内不能再次被提拔使用，包括跨部门提拔使用。

## 建设干部的后备梯队

与一般企业不同，华为极度重视干部后备梯队，即干部人才梯队的建设，由此形成了强大的组织造血能力。因此，华为不会出现很多企业中经常看到的干部队伍青黄不接、少数干部居功自傲的现象。即使从世界范围来看，华为也堪称干部人才梯队建设方面的佼佼者。

图 3–2 为华为后备人才准备度的三级区分模型。华为对干部后备梯队的具体管理办法，请参阅本章加餐“后备梯队管理办法精要”。

图 3-2 华为后备人才准备度的三级区分模型

## 设立干部监察制度

干部腐败，是中国企业发展中极其常见的重大问题。近期，包括 BAT（百度、阿里巴巴、腾讯三大互联网公司首字母的缩写）、大疆、小米等知名企业，纷纷暴露出干部腐败大案甚至窝案。在 32 年的发展过程中，华为也发生过多起腐败事件，让公司遭受过重大损失。

与员工腐败不同，干部腐败的性质更加恶劣，对组织的破坏性极大。任何企业的衰亡，原因都是在组织内部，而组织内部出现问题的根源就是干部队伍的工作作风。

因此，华为采取了一套系统性的“组合拳”来严防干部腐败，确保干部队伍的廉洁性和自律性。主要举措如图 3-3 所示。首先是以预防为主，让干部不想腐败；其次才是让干部不敢腐败；最后，只要证据确凿，违者必究，严惩不贷。

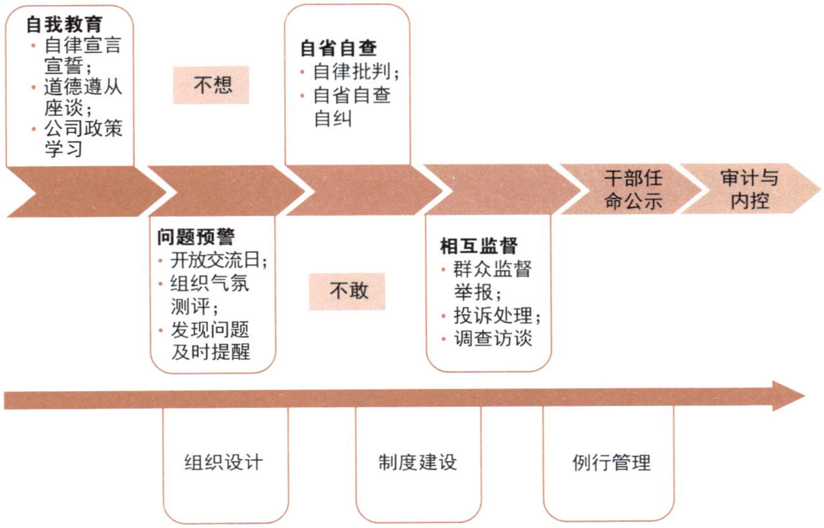


图 3-3　华为严防干部腐败的“组合拳”

通过以上举措，华为干部队伍的腐败事件大幅减少，确保了组织的长期凝聚力和战斗力。然而，华为人决不能有丝毫的松懈，杜绝干部腐败必须明镜高悬，警钟长鸣。

# 本章加餐：后备梯队管理办法精要

华为、阿里巴巴两家公司持续成长的关键要素都是良将如潮。华为通过干部后备梯队的建设，持续锻造出能力高强，同时认同且践行企业核心价值观的干部队伍。关键做法提炼如下：

## 华为干部后备梯队的构成

干部后备梯队是公司根据战略发展需要而组建的后备干部培养、储备资源池。干部后备梯队分为管理三级干部后备队、管理四级干部后备队、管理五级干部后备队、员工干部预备队 4 层进行培养。

### 管理三级干部后备队

从优秀员工中选拔进入华为大学培养，他们是三级管理者的候选资源池成员。

### 管理四级干部后备队

从优秀的三级管理者和优秀的跨部门团队核心成员中选拔进入华为大学培养，他们是四级管理者的候选资源池成员。

### 管理五级干部后备队

从优秀的四级管理者和优秀的重量级跨部门团队核心成员中选拔进入华为大学培养，是五级管理者的候选资源池成员。

### 员工干部预备队

是在培训各环节以及上岗试用过程中持续表现优秀，并经过各培训组织部门综合考察评选出来的优秀员工。员工干部预备队选拔出来后，重点是要对他们进行跟踪考察和牵引，促进他们在岗位工作中快速成长。

## 华为干部后备梯队的选拔

### 选拔基本原则

公司从如下员工或干部中选拔干部后备队员：

- 绩效优良，有责任感和使命感，敬业，有奉献精神，品德优秀，并具备一定任职资格的中外员工和干部。
- 优秀特招人才参照上述标准可以直接选拔到相应层级干部后备梯队进行培养。
- 品德作为后备队员选拔的一票否决项。

### 选拔组织

干部后备梯队选拔的组织工作，由公司人力资源部和华为大学联合负责。

各业务体系管理团队对本体系干部后备梯队选拔工作集体负责，各业务体系管理团队主任是本体系干部后备梯队选拔组织工作的第一责任人，对本体系选拔组织工作过程和选拔结果负责。

各业务体系干部部作为本体系干部后备梯队选拔执行机构，负责本体系具体选拔工作组织落实。

公司人力资源部和华为大学对业务体系选拔工作要提供培训支持。

## 选拔标准

管理三级干部后备队选拔标准：

- 品德优秀，诚信档案无不良记录。
- 绩效一贯优良，绩效评价在本业务体系内横向排名位列前 25%。
- 任职资格为二 级普通等以上，劳动态度优良。
- 优先从优秀一线团队中选拔后备干部。
- 符合上述标准参加过“A 培”[①] 的员工优先考虑。

管理四级干部后备队选拔标准：

- 原则上担任管理三级岗位（含跨部门团队核心成员）1 年以上。
- 品德优秀，诚信档案无不良记录。
- 绩效一贯优良，绩效评价在本业务体系内横向排名位列前 25%。
- 任职资格为管理三级普通等或职业等。
- 团队组织氛围好者优先。
- 关键事件表现突出者优先。

管理五级干部后备队选拔标准：

- 担任管理四级岗位（含重量级跨部门团队核心成员）3 年以上。
- 品德优秀，诚信档案无不良记录，勇于承担责任与压力。

① 华为的“A 培”就是在销售合同时给用户方的工程师提供的一种培训。这类培训分 A、B、C 三个等级，A 级培训简称 A 培，是最高级别的培训。这种培训可以简单概括为：单位购买设备的时候，一般都随合同赠送若干培训名额（具体培训级别和数量视具体情况而定）。A 培一般是在深圳（也有可能是在其他城市，如数据产品可能在北京）培训一个月，主要学习理论，然后被分配到华为驻全国各地的办事处实习，时间一般为三个月。培训期间，会指定一个老员工担任培训学员的指导教师，和华为工程师一起出差、安装设备、处理故障等。实习期间，培训学员的出差补助和住宿标准和华为工程师同等待遇。理论学习完毕后要考试，实习完毕后要进行答辩。华为的培训是比较辛苦的，培训效果和自己的心态也有很大关系，如果培训者确实是想锻炼自己，学一些真本事，培训后回单位肯定能够胜任维护任务；如果没有真学实干的决心，最好选择 B 培、C 培，这两类培训相对比较简单。

- 部门绩效一贯良好，部门绩效评价在本业务体系内排名位列前25%。
- 任职资格为管理四级普通等或职业等。
- 具有不断自我批判的精神和面向未来的战略性思考能力。

员工干部预备队选拔标准：

- 上进心强，品德优秀。
- 入职培训各环节表现优秀。
- 上岗适应能力强，工作投入，认真负责，绩效结果好。
- 自愿前往一线艰苦地区长期工作与锻炼。
- 有管理方面的关键行为表现与潜力。

### 选拔程序

- 管理三级干部后备队选拔程序：根据管理三级干部后备队选拔标准，由两名三级管理者共同推荐（每个推荐者需独立给出推荐评价意见），经干部部对推荐名单和推荐资料进行审查，报上一级管理团队评议通过后，将名单交由公司人力资源部进行资格与程序审查，合格后入选管理三级干部后备队。
- 管理四级干部后备队选拔程序：根据管理四级干部后备队选拔标准，由两名四级管理者共同推荐（每个推荐者需独立给出推荐评价意见），经干部部对推荐名单和推荐资料进行审查，报上一级管理团队评议通过后，将名单交由公司人力资源部进行资格审查，合格后入选管理四级干部后备队。
- 管理五级干部后备队选拔程序：根据管理五级干部后备队选拔标准，由两名五级管理者成员共同推荐（每个推荐者需独立给出推荐评价意见），经公司人力资源部对推荐名单和推荐材料进行审查，报公司人力资源委员会评议，合格后入选管理五级干部后备队。同时推荐者要签名承诺对被推荐者 3 年的表现承担连带责任。

- 员工干部预备队选拔程序：根据新员工培训期间的综合表现以及上岗工作过程中的表现，由华为大学、各培训实习机构以及各干部部定期选拔。

### 选拔周期

- 各层级管理干部后备队和员工干部预备队：每年选拔一次，每半年复核一次。
- 干部后备队是一个动态资源池，培养过程中不断有人转出或被筛选出资源池；新干部后备队员可以不断补充入池，但各级干部后备队总体规模根据岗位配置需求保持相对稳定。

## 华为干部后备梯队的培养

### 培养原则

- 公司对干部后备梯队的培养采取培训和岗位实战锻炼相结合、培训与工作实践不断循环的原则。
- 华为大学负责通过培训对干部后备梯队进行培养，重在提高后备干部的素质、能力和团队领导力，更重要的是要培养后备干部掌握科学的学习与工作方法。
- 各业务部门负责在工作实践中培养锻炼后备干部，重点要培训考察后备干部的责任心、使命感、敬业精神与献身精神、业务能力与绩效贡献。

### 培养组织

- 华为大学对整体培养方案和培养过程负责，包括培养体系的规划、设计与组织实施，以及过程评价、过程记录和档案记录。

- 业务部门负责在实践中培养与考察干部，包括后备干部的岗位锻炼与考察、周边（或跨部门）锻炼与考察、艰苦环境或挑战项目的锻炼与考察等。
- 公司人力资源部任职资格管理部是干部后备梯队管理在人力资源部的接口；华为大学重大项目部是干部后备梯队在华为大学的接口，负责干部后备梯队培养的全过程管理，并负责为各业务部门提供干部后备梯队培养信息记录和过程文档；干部任职资格管理部门是干部后备梯队工作在各业务体系的日常工作接口部门。

## 华为干部后备梯队的考察、评价与任用

### 考察与评价原则

干部后备梯队在整个培养阶段的综合评价由华为大学学员鉴定中心负责，综合评价包括以下几个方面：

- 华为大学培训期间的考察与评价由华为大学负责，考察与评价的重点是看后备队员对相关知识和技能的掌握情况以及表现出来的领导潜质等。
- 干部后备梯队在业务部门承担本职岗位锻炼时的考察与评价由各业务部门负责，各业务部门的干部部负责周边考察与评价，考察与评价的重点是绩效、任职能力、劳动态度等方面。
- 干部后备梯队在参加跨部门项目锻炼时的考察与评价由所在跨部门项目组织部门负责，考察评价的重点是岗位适应能力、合作性、劳动态度等方面。
- 对干部后备梯队的品德考察贯穿整个培养过程，干部后备梯队的

品德考察由公司组织干部部负责。

### 干部后备梯队淘汰

干部后备梯队培养过程始终贯穿淘汰机制，对干部后备梯队采取淘汰和动态筛选相结合的机制，规则如下：

- 培养过程中触及公司规定的高压线者直接淘汰出资源池。
- 培养各阶段考核和考察达不到标准者直接筛出资源池。
- 培养周期结束后综合评价排名末位 5% 者直接筛出资源池。

### 任用原则

- 华为大学学员鉴定中心根据综合评价的结果，对学员综合表现进行排序，作为公司选拔任用干部的决策依据。
- 原则上新提拔的干部必须从相应层级的干部后备资源池中选拔。

### 华为干部后备梯队的职责分工

干部后备梯队的管理由公司人力资源委员会总体负责，公司人力资源部和华为大学负责组织实施工作，各业务体系干部部负责具体的落实执行。①

① 从 2018 年下半年开始，华为干部梯队管理办法中人力资源部所承担的职责，划归新成立的华为总干部部，但操作模式基本不变。

# 04

# 人才成长之道

## 效率为先，效果为王

没有人才的成长，就没有企业的成长。然而，中国企业人才成长的速度，却远远不能满足企业发展的要求，所以人才的成长必须要加速，加速，再加速。同时，中国企业的培训费用在节节攀升，但培训效果却依然堪忧。企业培训，必须从实战出发，用战斗力来检验培训效果。

## 企业育才要因材施教，学以致用

松下电器的创始人松下幸之助有一句名言：松下是做家用电器的，但首先是育才的。遗憾的是，绝大多数企业只会造产品却不会育才。究其根源，是因为我们并不掌握企业育才的基本原则和方法。因此，先给大家讲讲企业育才的两项基本原则：因材施教和学以致用。

图 4-1　企业育才的两大基本原则

### 因材施教

因材施教就是根据每个人的不同情况，采用不同的方式进行教育。美国心理学家本杰明·布鲁姆说过："许多学生在学习中未能取得优异成绩，主要问题不是学生智慧的欠缺，而是由于未得到适当的教学条件和合理的帮助。”

与产品开发聚焦目标用户的差异化痛点一样，西方的现代教育，是根据每位学生的特点制订有针对性的学习方案，“以学生为中心”的教学效果自然会更好。其实，中国的大教育家孔子早在2000多年前就提出了这个观点。因材施教的典故出自《论语·先进篇》，原文翻译过来是这样一个故事：

一次，孔子讲完课回来，学生子路匆匆走过来问：“先生，如果我听到一种正确主张，可以立刻去做吗？”孔子说：“怎么能听到就去做呢？还是问一下父兄吧！”

子路出去后，另一个学生冉有也过来问了孔子同样的问题，孔子马上回答道：“对，应该马上去做。”

听到孔子的回答，他的另一个学生公西华感觉很奇怪，就问孔子：“先生，子路和冉有提出的是一样的问题，你怎么给出不一样的回答呢？”

孔子笑着说：“每个人的性格不一样，教育方法也要不一样。冉有遇事容易犹豫不决，所以我鼓励他果断执行；而子路逞强好胜，所以我要劝他多听取别人的意见，这就是因材施教。”

在企业中也是一样，有些员工目标明确且自学能力很强，针对这类员工，推荐好的书籍和文章就是不错的学习方法。而针对其他一些员工，多参与培训，增加和培训老师及同学的互动才是正解。

再拿领导力来说，即使企业管理团队的水平与公司要求普遍存在差距，但对于每一位管理者而言，自身需要重点改善的方面却是千差万别。某些技术出身的管理者，人际理解力往往不足，沟通能力较差，亟待重点改善；而某些销售出身的管理者，人际能力超强，但往往过于追求短期利益，在战略上欠缺思考。

> 早年华为在建立任职资格体系的时候，我们评估下来，发现公司内部存在两类典型的“人才”：一类是具有很强的前瞻性思维，规划能力较强，但干起活来却是“眼高手低”，说得挺好但干得不咋的；另一类则恰恰相反，只会低头拉车，不会抬头看路。针对二者的差异，除了在工作安排和人才搭配上考虑人尽其才之外，在培养上，也要注重因材施教，从提升组织整体绩效的角度出发，改善每个人最需要改善的重点方面。

## 学以致用

学以致用，顾名思义，就是学到的东西要能用在实际工作中并取得成效。企业培训不是学历教育，不能只在理论和方法上打转转，必须要把学到的东西真正用到战场上去。

许多企业的培训，就像射击场上的打靶训练，卧姿、跪姿、站姿练得样样精通。但真正打起仗来就会发现，战场与射击场完全不同，除了姿势无法确定之外，还有丛林、烟雾、沼泽等各种场景，与平时训练的有很大区别。

企业培养人才，既不能只在射击场上练习打靶，也不能只在游泳池里训练游泳，而是要走进战场、跳入大海，在战争场景中提升团队战斗力。华为在人才培养上之所以成绩斐然，正是因为华为的培训是把组织战斗力的提升作为培训的最终目的。

创办华为大学的时候，任正非告诫说："我们华为大学，一定要办得不像大学。"在华为，基础知识的培训只占很小的一部分，最主要的培训手段是任正非提出的"训战结合、全真教学"，即让员工学会如何去做事情。

华为大学培训用的数据、案例等与实际作战是一样的，所有的方法工具也都是基于实战的需要。华为大学的绝大部分老师都必须具有实战能力，少数没有实战经验的老师，也必须到战场上去体验锻炼。唯有如此，才能培养出能打胜仗的人才。

切记，企业培训不是学制教育，夯实基础就算达标。企业培训的最终目的是要让学员学到用得上的东西，在工作中产生绩效。山东蓝翔技校校长荣兰祥有句话总结得很好："在我们学校，学挖掘机的就要把土挖好，学烹饪的就要把菜炒好。否则，我们和清华、北大还有什么区别啊。"

## 人才加速成长的四大方法

要想加快人才成长的速度，把握两项基本原则之后，还需要掌握具体的操作方法。这些方法是我 20 年来总结出的人才培养的四大方法。

图 4-2　人才加速成长的四大方法

### 企业领导人是“培训校长”

人才培养难度大、周期长，是公司的一项战略性工作，单靠人力资源部门或企业大学的专职领导根本无法担负起这项重大责任。因此，企业领导人必须是人才培养工作的第一领导。比如，华为大学的最高领导一直都是任正非，其他人只是担任执行副校长。针对企业家的培训，湖畔大学校长也是非马云莫属。这里，钱不是人才培养的首要问题，企业家的影响力才是。中国一大批企业大学失败的案例告诉我们：最高领导者不挂帅，人才培养工作夭折的概率极大。

在华为早期，很多重要人才都是任正非亲自带出来的，比如郑宝用和李一男。不仅如此，任正非对新员工培训也极其重视。1998年，华为一年就招进来2000多名新人，而每期的新员工培训，任正非都会参加最后的新员工座谈会，回答新员工提出的千奇百怪的问题。在他的要求下，华为的所有高层领导都必须轮流担任新员工培训的授课讲师。

任正非的身体力行影响深远。直到现在，华为大学的培训原则之一，就是让最优秀的人培训优秀的人。华为的中层后备梯队的培养计划中，一般会由自己的直接领导作为导师，全程参与培养过程，从制订有针对性的培训方案，一直到最后培训结果的评价，都由导师负责完成。

因此，我们建议所有企业都遵循华为的这一要求——由企业一把手来抓人才培养工作。一把手做重点人才培养项目的领头人，既可以保障各种资源的有效投入，对重点人才和教师队伍也更有带动力，从而确保重点人才培养计划的落实。

## 中高级人才都是“教练员”

中国的大多数企业，管理者的主要任务就是带领团队实现工作目标，中高级专业人才的主要任务也是发挥专业能力实现工作目标。华为则不同，华为的中高级人才除了要完成工作目标，还要完成人才发展的目标。

华为要求所有的中高层管理者，都要经过 TTT（培训成为企业培训师）和教练技术的培训，并通过培训考核。这样，员工除了参加各种脱产培训之外，还会在工作中得到自己的上级主管和专家一对一的指导和帮助，成长速度明显加快。

此外，华为内部超过半数的会议属于学习会。会上，主管或专家会和大家一起分享成功的经验和失败的教训。我自己在市场部工作的时候，感受最深的就是每个月的案例研讨和经验交流会。会议中的每个人都在助力别人的成长，这就是我心目中的学习型组织。

## 聚焦重点，快速突破

企业发展速度快的时候，你会发现每个人才身上都有很多需要改善的地方，于是许多企业就制订了系统而全面的人才培养计划，希望毕其功于一役，但到最后往往事倍功半。这时候一定要记住，挑出其中最需要提升的一两项重点，集中火力，快速突破，之后再找出其他改善点并继续发力。因为企业必须是“边冲锋、边练兵”，老师和学员的时间和精力都很有限，只有抓住重点，才能获得更好的改善效果。

在华为，除了基础性知识的培训之外，无论是干部培养还是专业人才的培养，都是先聚焦在一两个重点改善项目上。如果这一两个重点项目在 1~3 个月内得到了显著提升，再聚焦提升其他改善项目。如果聚焦的改善项目没有达标，一般会延长该项目的培养时间。通过6个月的培养周期，大部分人的重点改善项目都会有明显的提升，也会超过传统企业培训一年的效果。

这就是典型的人才倍速成长法，华为叫作“人才成长加速器”。

## 训战结合

学以致用的基本原则，必须落实到具体的操作方法，才能让培训成果为实战目标服务。

比如，一个人规划能力差，只会低头拉车，不会抬头看路。一般企业遇到这样的情况，会培训他掌握战略规划或业务计划的基本理念和方法，但这样却往往达不到效果。正确的方法应该是：在经过必要的基础知识和专业技能的培训之后，让他自己提思路、做规划。也许一开始他做出来的东西存在偏差和疏漏，但是没有关系，教练员会通过提问、指导、提供参考资料等方式，帮助他优化规划方案，这样他才能真正掌握这项本领，并将之应用到实际工作当中。这种方法就是以赛代练，任正非称之为“训战结合”。

华为大学的培训原则就是训战结合，即围绕实际工作的场景，进行问题解决式的培训。例如，新市场拓展的成功要素是什么？哪些是导致失败的主要原因？为了解决这些关键问题，需要我们具备哪些关键能力？我们如何才能有效提升这些关键能力？

所以，学员在培训的时候，不像在普通学校里面老师讲、学生听，或者讲一些与业务场景不相关的哈佛案例等，而是把华为战场上遇到的实际问题搬到课堂上来，采取体验式教学。比如，在项目管理方面需要提升的员工，除了进行PMP（项目管理专业人士资格认证）等专业知识培训之外，还会直接由重大项目部指派导师进行授课，所有课程的设计开发也都必须理论联系实际。学习的过程中，导师会让学员进入实战模拟操作，针对可能要参与的真实项目提出自己的见解和解决问题的思路。导师会对学员的问题进行点评和总结。培训的目的只有一个,就是让学员学习之后，能够在战场上取得预期的战果。

基于中国企业在人才培养中的痛点，我们将在后续章节有针对性地提供一些操作案例，比如如何实现同类型关键人才的快速复制？如何避免人才断档，加速人才梯队的成长？如何构建人才成长的组织保障机制？最后，再给大家介绍一下华为新员工培训的具体做法。

# 横向人才培养：快速复制各类关键性人才

深圳一家企业，有20家零售门店，企业领导希望在两年之内把门店数量快速增加到150家。店长的快速培养，就成了目标达成中需要重点解决的关键性问题。那么，如何才能在短时间内复制出100多位店长呢？

这是连锁型企业在业务扩张期普遍面临的一大难题，无论是日用品、服装、文体、餐饮、美业等都是如此。连锁型企业想要发展壮大，就需要扩展地域，需要更多的区域负责人和门店店长。除了引入小部分空降人才之外，高质高效的人才复制就成为实现目标的关键。

2003年，《21世纪经济报道》写了一篇文章，题目叫作《解读从华为走出的创业者》，意思是说华为培养了许多高层次的人才，结果都被别的企业给挖走了。

然而，我对此有不同的理解：别人虽然可以不断挖走华为下的“金蛋”——优秀人才，却永远挖不走那只可以不断下“金蛋”的“金鸡”——人才复制机制。这只“金鸡”有两个特点。第一，它下出来“金蛋”的黄金纯度不断升级。刚开始它下的“金蛋”是14K的，几年后就变成了18K的，再过几年又变成了24K的。随着时间的推移，还会变成“白金蛋”，现在它已经能下“钻石蛋”了——世界级的领军人才。第二，它下“金蛋”的速度比汆丸子还要快。因此，即便包括BAT在内的互联网企业和其他行业的优秀企业，都觊觎华为的人才，并采取各种手段“猎挖”，华为也没有因此而导致人才枯竭，影响自身发展的速度。

华为今天之所以强大，是因为华为能够持续打造出自己的人才造血机制。

提高人才复制效率与提高产品生产效率有许多的相似之处，其中的一大要点就是人才复制模式的标准化。所谓标准化复制，就是操作流程的规范化和操作手段的制度化。

麦当劳是最具标准化流程的餐饮企业，下面我就以这家企业为例，给大家科普一下什么是人才复制的标准化流程。

作为一家劳动密集型企业，员工进入麦当劳工作，面试过程很简单，只要身体健康、心智正常，不需要有什么技能便可以直接上岗。一般来说，实习员工进入麦当劳后，都是从最简单的清洁工作做起。一段时间后，就可以进入后厨工作了。后厨的工作需要一些专业技能，但这些技能不是由店长手把手来传授，而是员工通过电视循环播放标准化的操作流程来学习掌握。这样一来，就可以大大提高人才培养的效率。除此之外，麦当劳还有一套电子培训教材供员工自学，保证员工随时随地都可以查阅学习，快速掌握每一道工序的操作要领。

当然，麦当劳的标准化也不仅仅是以上描述的这样简单，而针对知识型员工的复制，标准化流程会更加复杂。但是，无论哪个行业的哪类人才，企业都可以把个人经验总结提炼成为一套标准化的程序，从而提升人才复制的效率。

华为的业务遍及全球，每个国家和地区的分部都需要高端的管理人才。在发展初期，华为正是通过快速复制高效、高质的高端管理人才，帮助华为在全球范围内占领了更多的市场，从而推动了华为的快速发展。

21 世纪初期，华为业务仅仅覆盖了 20 多个国家，也就只需要 20 多个国家代表。当时，公司战略是要在 5 年之内把业务快速拓展到 180 多个国家，这样，国家代表的复制就成了市场拓展需要解决的关键一环。为此，我们研究开发了一套标准化的流程，最终达到了高效复制领军人才的目的。这套标准化流程分为以下三大步骤（见图 4-3）：

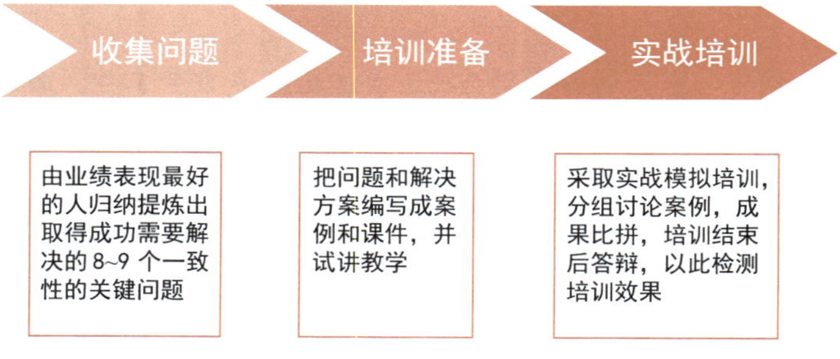


图 4-3 华为高速复制领军人才的三大步骤

**第一步，收集问题。**

首先把全球五大洲中各一位表现最好的国家代表请回来，让他们分别提炼出拓展市场需要解决的 5~8 个关键问题。也就是说，是什么因素让他们持续取得市场成功。

把所有人的问题都归纳起来，发现其中有将近 2/3 是重合的，最后整理出 8~9 个一致性的关键问题，包括关税问题、当地建厂的问题、跟当地政府打交道的问题、劳动用工问题等。大家一致认为，如果能把这些解决了，就解决了 70%~80% 的关键问题。

**第二步，培训准备。**

关键问题找到了，接下来就是如何把这些问题和解决方案做成培训教材，以便能够让参加培训的候选人快速掌握。

首先，我们请培训领域的专家教会这 5 位国家代表如何编写案例、制作课件和教学。我们会把 8 个培训主题分别落实到 5 个人身上，根据实际情况，每个人负责一两个主题的开发。

根据我们提供的工具和模板，在专业人士的辅导之下，这 5 位“老师”各自制作完成符合需要的课件，并达到基本的教学水平。为了确保实际的培训效果，一般会让每位兼职老师登台试讲至少一遍，台下的同事或者培训专家会提出重点改善建议。之后老师会优化课件，改进授课技巧。

**第三步，实战培训。**

培训的时候，老师先采用理论结合实际的方法进行案例教学，之后会布置一个实战案例作业，让大家针对案例分组讨论并给出各自的讨论结论。当时每期学员 20 个人左右，分成 4 个小组。每个组的案例都是一样的，小组解题完毕之后要上台演讲比拼，最后老师归纳总结。

培训结束时，还有一个重要的环节就是结业答辩。答辩中评委提出的都是实战中可能遇到的关键问题，而不是大多数企业经常采取的知识考试，从这些关键问题中看学员是否可以给出行之有效的解决方案。通过答辩的候选人才能有资格正式上岗。

经过多期的培训，华为培养了数以百计的国家代表，从而为公司战略目标的实现奠定了关键人才基础。

在华为，类似这样的培训中，理论知识教学的比例不超过30%，更多的是针对实际案例进行分析和判断，非常接地气。这些国家代表走到“战场”上之后发现，工作中遇到的问题似乎已经提前做过了预演，在脑海中会快速浮现问题解决的大致思路，再根据具体情况快速采取行动。

根据我们的经验，其他企业也可以效仿华为的这套做法，制定出自己企业的关键人才复制方案。比如，我们本节开头提到的深圳的那家连锁型企业，在需要开疆辟土开发新市场时，就借鉴了华为这种人才复制的标准化模式，取得了超出预期的效果。

具体来说，在培训新店长的时候，可以让企业比较优秀的店长，针对开店会遇到的一些关键性问题分门别类地制订出基本的解决方案，然后用类似华为的模式去培训新店长候选人，以达到事半功倍的培训效果。

如果企业没有优秀的店长，也可以聘请其他优秀店长来帮助培训。但是，针对外部聘用的培训教师，一定要内部人士来提供帮助，帮他们进行企业背景调查和案例分析，从而让培训与企业实际需要紧密结合。

当然，还有其他的店长复制方式，比如，让有能力的老店长跟踪新店长的发展，扶上马再送一程；或者让老店长开新店，刚刚培养的新人经营老店，因为老店已经发展成熟，相对好管理一些；还可以像海底捞那样，直接采取师徒相传的方式。但是实践证明，标准化人才复制是效率最高的培养模式。

归纳而言，同类关键人才的高效、高速复制，是企业快速扩张中必须要解决的一件战略性大事。华为的标准化复制经验，对各类企业都具有参考价值。

## 纵向人才培养：在场景中搭建人才梯队

在当前市场上，针对企业管理者的培训课程五花八门，几乎应有尽有。很多企业由此产生了高度依赖的思想，把管理类培训外包给专业机构来实施，这样貌似既省时又省力。但是，当你研究了优秀企业的最佳实践之后会发现，即便是在企业规模不大的时候，建立自身的干部培养机制也是不可或缺的。

道理其实很简单。其一，管理者是企业文化建设的关键性力量，而企业文化类的培训是无法通过外包完成的。其二，干部的核心职责就是带团队，而带队伍的能力与企业环境强相关，不同的业务流程、组织模式和员工构成，带队伍的方式和所需要具备的关键技能会迥然不同。因此，完全外包模式的效果往往会很差。

在华为，针对企业的每个发展阶段对高层管理者提出的不同要求，培训内容和形式一直在发展变化之中。从创业阶段注重价值观的植入和基础管理知识的培训模式，已经发展到了目前以自学为主的纯研讨会式的培训模式。

即使是发展初期，华为大学尚未建立的时候，任正非对广泛推崇的MBA、EMBA（高级管理员工商管理硕士）模式也持基本否定的态度。这一点与管理大师亨利·明茨伯格的观点基本一致：与其投入大量时间和精力去学习一些看上去“正确而完美”的管理套路，不如把更多的精力放在研究思考企业真正需要解决的关键问题上，并采取量身定制的人才培养方案。

华为把这种干部培养方式称为“全真教”，也就是从实践中来，到实践中去。为了做好企业干部队伍继任梯队的建设，华为设计了分层、分级的后备人才培养计划。

华为把管理者分为三个等级，即三级、四级和五级，分别对应企业中的基层管理者、中层管理者和高层管理者。与之配套，华为还设有干部后备人才资源池。从基层员工中选拔出来的优秀人才可以进入基层干部资源池，从基层管理者中选拔出来的部分优秀者可以进入中层干部资源池，从中层干部中选拔出的部分优秀者可以进入高层管理人员资源池。

以高层管理者后备人才培养为例。首先根据高管需要具备的共性技能，开展为期两周左右的课程培训，奠定基本的理论和方法论基础，包括高管需要的战略思维、政策把握、经营决策等。集中培训之后，进入三个月的实战训练期。每位培养对象都会被任命一位教练，一般会由他的直接领导担任。教练会和培养对象一对一地深度沟通，确定培养对象最需要改善的两项技能，量身定制个性化的培养计划，并在实际工作中实施。

比如，我是华为的一个中层领导，作为后备梯队人才，进入了高层领导的培养计划。通过我的教练以及周边相关人员的评估后发现，我最需要提升的是横向协作能力。那么，教练就会把我，以及与我这个部门协同最多、工作关系最密切部门的领导邀请过来，我们三个人一起讨论。先分析我在哪方面需要改善，然后分析导致问题的原因。可能对方部门也存在一些问题，我们就把相关部门需要改善的地方也找出来。之后我们一起制订为期三个月、针对我横向协作能力提升的具体培养方案，且每个月至少面对面沟通一次培养方案的进展情况。

三个月之后，由这个部门领导作为内部客户来评估我的问题有没有改善。如果改善了，我们之间能够更好地配合和协作，公司的业绩自然也就提升了。这样的"全真教"培训，我个人的能力提升就和公司业绩的提升紧密联系在了一起。

再比如，我还需要重点提升培养人才的能力，我的教练就会问我："你的下属中你认为哪位是最需要培养的？"

我就会从我的部门中挑选一个人出来。如果我挑选出来的人是张三，那么，我的教练就会跟我一起探讨，张三哪些方面最需要改善。我们一般会选出张三最需要改善的两个方面，之后我会跟他制订一个为期三个月的改善计划。

三个月以后，我要和张三一起去面见领导，我要把张三这三个月的行为改变和业绩改变告诉领导，而且必须要列举出具体的改善证据。如果我自己不能举证,也一定要找出能够举出例证的人，证明张三真的有所改善，以及具体在哪些地方有了明显的改变。

这样的培养方式效果非常明显。统计结果表明三个月以后，培养对象中有超过 50% 的人，两项改进点都有显著提升。

之后，继续进入第二个三个月的周期性训练，选择的原则依然是最需要改善的两项关键技能，上轮周期中已经改善达标的能力项目不再纳入。

归纳而言，“全真教”的本质，就是把工作场景当作人才培养最重要的课堂，所有的脱产培训都只视为人才成长的辅助性手段，从而大幅增加人才培养的有效时间，并达到培训直接面向实战的目的。

## 育才效果与个人成长和利益挂钩

“教会徒弟，饿死师傅”是中国企业的一种普遍现象。资历深厚或者更有能力的员工，会担心自己培养出优秀人才之后，对自己的成长和利益构成阻碍，从而不愿意全身心地投入去培养人才。

因此，如果仅仅采取强制性手段，许多管理者就会对人才培养采取敷衍的态度，最常见的借口就是时间精力不够。

但是，如果把人才培养的效果跟他们个人的成长和利益联系起来，情况就会大不一样。这方面，华为的做法同样值得学习借鉴。

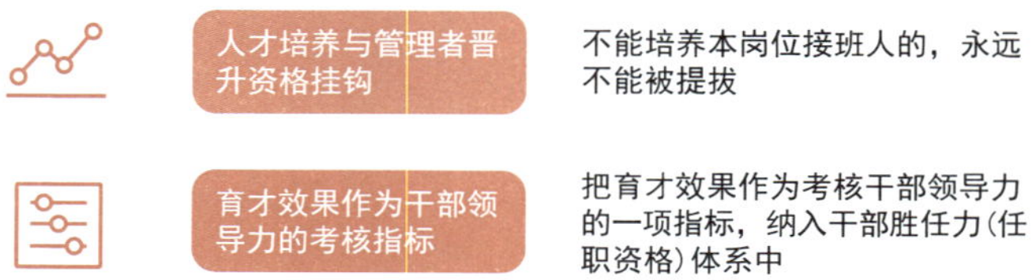


图 4-4　华为育才效果与个人成长和利益挂钩

### 人才培养与管理者晋升资格挂钩

华为的公司制度里有这样一条明文规定：对于中高层管理者，不能培养本岗位接班人的，永远不能被提拔。华为的这条规定源于GE。GE是为世界500强企业输出首席执行官人才最多的企业，GE的企业大学也是华为大学的标杆。

基于这条规定，管理者为了自己的职业发展，就会把培养人才作为自己的一项重要工作。如果管理者在人才培养方面的成效不合格，即使他的业绩突出，也将失去晋升的机会。

## 把人才培养效果作为干部领导力的考核指标

> 1998年，华为在第一次设计管理者任职资格的时候，任正非就把“人才培养能力”在高层管理者任职资格中的权重设定位35%。当时所有高管都认为这项能力的权重太大了。面对高管们的质疑，任正非说：“因为你们都不愿意培养人才，所以我就把这项能力的权重加高，矫枉必须过正。如果将来你们都愿意培养人才了，我们再把这一项的权重降下来。”
>
> 任正非说到做到。在一次华为高管会上，任正非说：“你们知道我为什么提拔聂国良做公司常务副总裁吗？就是因为他能够不断地选拔和培养比自己水平更高的人才。”

如果你们的公司既没有建立干部任职资格体系，也没有干部领导力模型，那么，我就建议在公司的绩效管理体系中，把对人才培养作为中高层管理者绩效考核的一项重要指标，且这一项的权重至少要占到20%。

管理学大师拉姆·查兰说过这样一句话：“作为企业的中高层管理人员，培养人才至少跟创造业绩同等重要。”因为业绩往往代表短期的成果，而只有具备强大的造血功能，才能保证企业的长期业绩。源源不断的人才成长机制，是企业走向基业长青的制度性保障。

对于劳动密集型企业而言，海底捞激励老店长培养新店长的机制同样值得借鉴。

作为餐饮行业的标杆企业，海底捞在全球已经有近600家门店（数据来自2019年6月30日中期业绩报告），而在海底捞发展到50多家店的时候，就出现了店长人才瓶颈的问题。解决新店长问题的最好人选就是老店长亲自培养，但是，老店长培养新店长等于给自己培养了一个竞争对手，很多老店长都不愿意全力以赴地去培养新店长。

这就是我们前面提到的“教会徒弟，饿死师傅”的问题。在劳动密集型企业，这样的问题更容易出现。因为能力的可复制性很强，让很多师傅死死握着手里的“最后一招”，不肯让徒弟学会，以免出现“长江后浪推前浪，前浪死在沙滩上”的局面。

为此，董事长张勇设计了一套新型的“师带徒”激励模式，把老店长的利益与自己推荐的新店长的成长效果结合起来，保证了老店长能够全心全意地对新人的成长全程负责，甚至对徒弟培养的徒弟（徒孙）进行培养。这种激励模式操作起来很简单：

在海底捞，A级店的店长才有资格当师傅带徒弟，他的工资由两部分组成：基本工资和浮动工资。针对浮动工资部分，公司给出了两种可选方案，让这些A级店的店长任选其一。

方案一：老店长的浮动收入 = 自己门店利润的2.8%。这个方案只需要店长一心一意地把自己的门店经营好就行。

方案二：老店长的浮动收入 = 自己门店经营利润的0.4%+徒弟门店经营利润的3.1%+徒孙门店经营利润的1.5%。

按照方案二的公式计算，如果老店长能够把新店长带好，要比单纯把自己的店经营好所获得的报酬高很多。如果能够帮助徒弟成为 A 级店长，徒弟再带徒弟，那么，老店长还可以再多拿徒孙门店 1.5% 的利润。

对于劳动密集型企业而言，采取海底捞这种直接与经济利益挂钩的模式，对于调动管理者培养人才的积极性起到了立竿见影的正面效果。

## 新员工培训的“721”法则

从 2012 年开始，华为对新员工入职培训进行了大刀阔斧的改革，全面采用“721”法则进行员工培训。

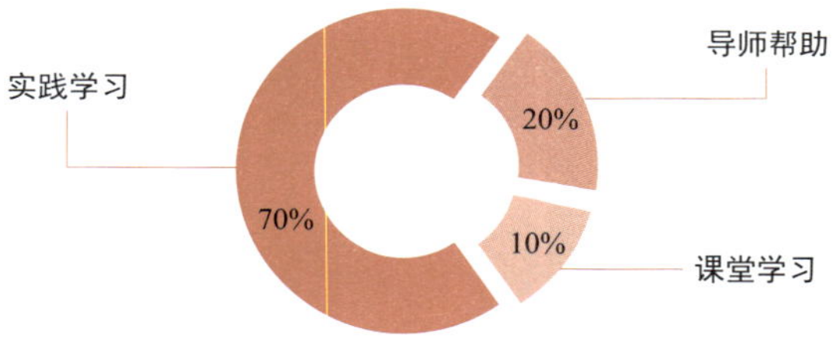


图 4-5　华为的“721”培训法则

如图 4–5 所示，华为的“721”法则，意思是员工能力的提升，70% 来自实践中的学习，20% 来自导师的帮助，10% 来自课堂的学习。

以研发部门的新员工为例。在可以独立工作之前，新员工一定要提前做很多模拟项目，而在具体开始一个项目之前，华为首先会派他们和相应的导师到达指定地点，开展训练营活动。而培训内容也同样遵循“721”法则，即先给学员各种规范、工具材料等，让新员工自学三天，再由导师进行案例教学，员工观摩，最后进入“7”的部分，在实践中进行专门的演练。完成这几个步骤之后，华为会对参加训练营的员工进行考核，以检验成果。

新员工培训模式变革的目的，是把培训的重心放到后期的实践学习中，强调实践出真知，强调实践对新员工未来成长的重要性。“721”法则也给新员工明确了一个信号：在华为，要想有所作为，就必须务实，要真正踏踏实实实地干才可以。

在新员工培训期间，所有老师都要求员工少说多做，少空谈多干事。华为流传着这样一个故事：一名刚刚入职一周的新员工，给任正非写了一篇万字长文，发表了自己对华为战略的想法。任正非看过之后批示：“如果此人有病，建议送医院治疗，费用公司支付；如果此人没病，建议立即辞退。”从这个故事中，可以看出华为务实的作风。

## 新员工融入华为的三个阶段

新员工进入一家企业，都要经历一个不断融入的过程。华为是如何将一批又一批刚刚走出校门的“学生娃”打造成攻城略地的狼性“铁军”的呢？

华为的经验是：通过打造系统的入职培训、岗前培训、在岗培训和内部学习平台，成功解决新人的融入问题。

华为新员工入职培训分为三个阶段，从入职前的引导培训，到入职时的岗前培训，再到在岗实践培训。实践培训是三个阶段的重点，整个培训过程中实行的是指导员负责制。

这三个阶段的流程大约需要三个月的时间。

### 引导培训：导师先行

华为的校园招聘一般安排在每年的 11 月，将拟录用的大学生提前分配到各个业务部门。在毕业生还未进入华为之前，华为会提前给每个人指定一名导师。

为了规避大学生尚未入职可能带来的后续风险，华为要求员工导师一个月必须给他们打一次电话，了解他们的个人情况、精神状态、毕业论文的进展、毕业离校安排等。如果毕业生确实想进华为，导师会帮助他们提前了解岗位相关知识，并帮助他们做好走向工作岗位之前的思想准备。

### 岗前培训：植入文化基因

任正非在《致新员工的信》中说："一个高新技术企业，不能没有文化，只有文化才能支撑它持续发展。华为的文化就是奋斗文化，它的所有文化的内涵，都来自世界的、各民族的、伙伴的，甚至竞争对手的先进合理的部分。"

这个阶段的新员工培训主要围绕学习华为的历史、文化价值观来展开，包括规章制度的设立等，周期是 5~7 天，而且全部新员工要到深圳总部参加培训。

新员工每天晨跑、上课，晚上开辩论会，还要演节目、写论文等。培训内容比较聚焦，主要学习企业文化。新员工要能讲清楚为什么公司会出台相应的政策和制度，它反映出的文化、价值观究竟是什么。

下面，列举几个华为新员工培训阶段出现过的典型场景：

一是要学习两篇文章。第一篇是华为总裁任正非的《致新员工的信》，他把华为文化的要点和对新员工的要求融入其中。另一篇是任正非推荐的《致加西亚的信》，讲述了一名士兵信守承诺，穿过重重障碍将信按时送达加西亚将军。看这篇文章，目的是向新员工倡导华为重信守诺的文化理念。

二是看一部电影《那山那人那狗》。电影讲述的是一个乡村邮递员，接替自己的父亲——一个老乡村邮递员的工作，第一天上班的故事。影片中体现出的敬业精神，正是华为对新员工的基本要求。同时，邮政业务与华为的通信事业一脉相承，由此看出任正非的良苦用心。

三是看三本书，即《黄沙百战穿金甲》《下一个倒下的会不会是华为》《枪林弹雨中成长》，并写出每一本书的读后感。

企业文化培训结束的时候，新员工要通过学习，写出自己对华为公司的认识、对华为文化的认识。学习过程中的签到、讨论、分享以及最终对华为的认知，都以分数成绩或等级的方式，划入新员工试用期的考核范畴。

### 在岗培训：深入一线

华为新员工的在岗培训以实践为主。在这个阶段，新员工要在导师的带领下，在一线真实的环境中实际操作，边学边干，边干边学。不同岗位的新员工，培训内容和方式有很大差别。

将要派往海外的营销体系员工，他们必须先在国内实习半年到一年，通过这些实践掌握公司的流程，掌握基本的工作方法，熟悉业务，之后才能被派到海外去。

对于技术类员工，公司会先带他们参观生产线，了解生产线上组装的机器，让他们看到实实在在的产品和整个的生产流程。

研发类员工在上岗前，会安排做很多模拟项目，以便快速掌握一门工具并熟悉最基本的工作流程。

## 给每位新员工配备“指导员”

华为大学的墙上有这样一句宣传语：“用最优秀的人培养更优秀的人”。这是华为一直奉行的人才培养理念。这个人才培养理念不仅让华为人才辈出，而且，也让每一位在华为工作的员工都有机会成为别人的导师，无论你是总裁还是基层员工。这就是华为的指导员负责制。

华为新员工入职培训时，公司都会指定一名导师。华为对导师的选拔有两个条件：第一是所在部门的业务骨干，有对别人进行业务指导的能力；第二要充分认可华为文化，有能力对新员工进行思想指导。同时，一名导师名下不能超过两名学生，以保证传承的质量。

在华为，指导员也被称为“思想导师”，因为他们不仅要负责指导新员工的工作，而且要定期与新员工进行沟通，喝茶吃饭，了解他们的思想状况，对于外地员工还要帮助他们解决吃住安排甚至个人情感等问题。华为新员工入职导师就相当于部队的指导员。

> 为了更好地贯彻和执行这一制度，华为在公司内部进行了全方位的普及：不仅新员工有导师，老员工也要有导师；不仅生产部门的员工需要师傅来传帮带，营销部门、客服部门、研发部门，甚至行政后勤部门也要有师傅传帮带。在华为，每个人都可能需要导师的指导和帮助，同时，每个人只要在某一个方面的能力足够，都可以成为别人的导师，来指导和帮助别人。

这种方式适用于所有的华为员工，陪伴员工度过在华为的整个职业生涯。无论你是在新员工的时候，还是已经成为企业高管，都可能在这个指导员负责制的人才机制下，接受其他在某个方面比你更优秀的指导员的培训。指导员负责制，不仅让新员工有人带，也能帮助更高级别的人才实现能力上的螺旋式上升。

### 指导员的考核与评估

在新员工成为正式员工的三个月里，指导员要对新员工的绩效负责，而新员工的绩效也会影响到指导员的考核。每一个辅导阶段结束，都会分别对指导员和培养对象进行考核，根据双方的表现，对指导员给予一定的奖惩。具体方法是：

- 考核。一个辅导阶段结束后，指导员和辅导对象分别进行答辩，答辩委员会和部门干部部针对指导员的答辩进行评价。部门干部部还要结合被培养人培养手册中反映的情况和绩效进行考核，并给出具体的等级评定意见。
- 评估。指导员的评估包括指导员工作的过程和结果两个部分。辅导期内，指导员的培养计划、月度总结和沟通记录等作为指导员进程评估内容，而培养对象工作表现和业务能力的提升要作为指导员的结果评估标准。

指导员最终被评为三级：优秀、合格和不合格。考核合格的指导员继续保留指导员资格，可以继续担任指导员工作；考核不合格的指导员，将被取消指导员资格。

### 指导员的激励政策

华为对导师有相应的激励政策。一是晋升限制。华为明确规定，没有担任过指导员的员工不得提拔为干部；不能继续担任指导员的，不能再晋升。二是物质奖励，一般会以月度补贴的方式发放。三是荣誉奖励。优秀指导员可以获得荣誉奖励，如评选年度优秀导师，在公司年会上进行隆重表彰。

这些措施，激发了老员工踊跃担任指导员的积极性和带好新员工的责任感。

华为的全员指导员责任制，不仅可以有效缩短员工进入新环境的磨合期，尽快适应新的工作岗位，而且可以密切员工之间、上下级之间的关系，值得所有企业学习和借鉴。

为了实现战略导向的育才目标，华为还投入巨资，把华为大学变成了华为员工和生态圈合作伙伴终身成长的摇篮。在中国的企业大学中，无论是在教学理念还是教学能力方面，华为大学都走在了最前沿（关于华为大学的具体操作实践，在本书的附录中有专门介绍）。

# 05

# 文化锻造之道

## 道术合一、知行合一
## 方能成就事业

企业文化是企业发展的精神支柱，是企业的灵魂。杰克·韦尔奇说:“百年企业靠文化。”任正非说:“资源是会枯竭的，唯有文化才能生生不息。”但是，培养技能相对容易，如何将文化理念植入人心，是摆在中国企业面前的一大难题。

# 企业文化的植入，必须从管理层做起

无论华为、阿里巴巴，还是亚马逊、谷歌等优秀企业，以客户为中心或者客户第一，都是企业发展的不二法则。

> 在1995年开始起草，1998年3月23日定稿的《华为基本法》中，第一次看到了任正非确定的说法：华为的追求，是在电子信息领域实现客户的梦想。而在2005年《华为的战略——持续的管理变革》一文中，任正非再次坚定地重复了这个观点："十年以前，华为就提出，华为的追求是实现客户的梦想。"

我们可以看到，华为做事的出发点都是围绕着"以客户为中心"展开的。因此，任何损害客户价值的行为，任何不利于客户长期利益的行为，在华为都被坚决地否定。华为之所以傻傻地选择了一条漫长而艰难的道路，摒弃各种各样的"终南捷径"，就是为了构建为客户持续创造价值的核心能力。

比较而言，很多口口声声喊着要学习华为的企业，却从来没有建立，或建立了但并没有信守自己的使命宣言。它们走着走着，就演变成了"以领导为中心”——唯上是从与官僚主义、“以自我为中心”——单打独头与山头主义、“以技术为中心”——偏离客户价值的专业主义。

还有一部分企业，表面上看好像是以客户为中心，但实际的做法却走向了反面。比如，信奉所谓“客户就是上帝”“客户说的永远都是对的”。这样就是不经思考想当然地把客户的要求作为客户的价值主张，同样也是在损害客户的利益。再比如，仅仅盯着客户当前的需求，忽略了潜在的市场和客户需求的动态变化，让企业无法在不确定的市场环境、快速变化的客户需求中长期实现客户的梦想。

为了实现“以客户为中心”，就需要员工“以奋斗者为本”。因为没有长期奋斗的精神，就不可能在变化的时代为客户创造长期价值。

什么是“以奋斗者为本”呢？一个最简单的定义，就是“以为客户和利益关系者创造高价值的员工为本”。这里既包括外部客户，也包括内部客户；既包括短期价值，也包括中长期价值（例如高价值客户获取、战略技术突破等）；既包括直接的经济性价值指标，也包括非经济性的价值指标（例如组织贡献、团队协作等）。因此，华为会把员工大致区分成为“卓越奋斗者”“一般奋斗者”“不奋斗者”，并会通过一套价值评价和利益分配机制，让奋斗者不吃亏，让不奋斗者无容身之地。

以上两条核心价值观的内在逻辑是：企业存在的理由就是以客户为中心，为客户创造价值。但要兑现这条承诺，就必须要以奋斗者为本。只有奋斗者组成的团队，才能持续为客户创造高价值。

那么，如何把这两条核心价值观植入员工内心呢？

中国有句古话，叫作“行胜于言”。任正非也曾经说过，企业文化就是员工的行为文化。说到的东西长期做到了，思想变成行为，行为养成习惯，就会成为一家公司的文化。

因此，创始人的身体力行是企业文化建设的首要举措。

华为内部一直流传着这样一个关于“豪车”的故事。有一年，任正非去华为新疆办事处视察工作。当时华为的新疆办事处主任，是一位刚刚从业务一线提拔起来的“新官”，对任正非没有任何了解。基于中国传统企业对高级领导“巡视”的重视，他特意租用了一辆加长的林肯轿车去机场迎接任正非的“大驾光临”。任正非刚下飞机，看到接他的是一辆豪华轿车，当时就非常气愤。上车之后，劈头盖脸地把办事处主任臭骂了一顿。

他先质问，我又不是客户，坐办事处的一般车辆就足够了。办事处的车辆如果不够，我自己打的就好了。任正非越说越生气，指着那位主任的鼻子说：“为什么还要你亲自来迎接？现在你应该待的地方是在客户那里，而不是坐在我的车里！”

任正非经常说：“屁股对着老板，眼睛才能盯着客户。”他不断地用自己的行为警示大家，坚决淘汰“眼睛盯着老板，屁股对着客户”的干部。

近期，华为遭遇到了巨大的生存危机，任正非又挺身而出，通过与全球媒体的反复对话，团结一切可以团结的力量，鼓舞 19 万华为员工要有浴血奋斗的信心和勇气。

时至今日，已经 75 岁高龄的任正非，依然会奔走五大洲，尤其是去非洲、南美洲等欠发达地区看望慰问员工。一句“我若贪生怕死，何来你们艰苦奋斗”，感动了无数华为人。

随着企业规模的不断扩大，仅仅依靠创始人的身体力行显然不够，必须要把践行企业核心价值观的责任落实到企业管理层身上。

2007 年，华为开始制定并不断优化“改进作风的八条要求”（简称华为“干部八条”)，以下是2017年最新版的内容：

第一，我绝不搞迎来送往，不给上级送礼，不当面赞扬上级，把精力放在为客户服务上。

第二，我绝不动用公司资源，也不能占用工作时间，为上级或其家属办私事。遇非办不可的特殊情况，应申报并由受益人支付相关费用。

第三，我绝不说假话，不捂盖子，不评价不了解的情况，不传播不实之词，有意见直接与当事人沟通或报告上级，更不能侵犯他人隐私。

第四，我们认真阅读文件，理解指令。主管的责任是胜利，不是简单地服从。主管尽职尽责的标准是通过激发部属的积极性、主动性、创造性去获取胜利。

第五，我们反对官僚主义，反对不作为，反对发牢骚、讲怪话。对矛盾不回避，对困难不躲闪，积极探索，努力作为，勇于担当。

第六，我们反对文山会海，反对繁文缛节。学会复杂问题简单化，六百字以内说清一个重大问题。

第七，我绝不偷窃，绝不私费公报，绝不贪污受贿，绝不造假，我们也绝不允许我们当中任何人这样做，要爱护自身人格。

第八，我们绝不允许跟人、站队的不良行为在华为形成风气。个人应通过努力工作、创造价值去争取机会。

每年，华为都会检查“干部八条”的履行情况，并将之作为底线原则，用于干部的考核任免。

在各级干部的言传身教下，华为的绝大多数员工都在用实际行动来践行企业文化，从而让华为赢得了客户和合伙伙伴的广泛尊重和信赖。

2003 年 5 月 21 日，阿尔及利亚发生 6.7 级大地震，造成了 5000 多人伤亡。地震发生后，与很多西方公司工作人员迅速撤离不同的是，华为的工作人员选择坚守在原地，抢修因地震而造成破损的通信终端。灾后第三天，工程部的员工按原计划完成了智能网的割接，保证了正常通信。

2008 年 11 月 26 日晚间到 27 日凌晨，印度孟买发生了恐怖袭击，整个街头空无一人。在这样的危急情景下，华为员工为了履行承诺，冒着生命危险前往客户所在地，开展产品升级计划，直到 27 日清晨五点半才完成所有产品的升级工作。

2018 年 9 月 28 日，印度尼西亚发生 7.4 级地震，华为是第一家，也是唯一一家抵达地震现场的设备商，让震后通信信号快速恢复，保证了通信网络的安全运行。

在 2014 年的新春讲话中，任正非说:“我们要持续不懈地努力奋斗。乌龟精神被寓言赋予了持续努力的精神，华为的这种乌龟精神不能变，我也借用这种精神来说明华为人奋斗的理性。我们不需要热血沸腾，因为它不能点燃为基站供电。我们需要的是热烈而镇定的情绪，紧张而有秩序的工作，一切要以创造价值为基础。”

在非洲的科摩罗岛上，长期驻扎着一名叫叶辉辉的华为员工。他在 2019 年 8 月写了下面一段话，从一位一线员工的视角，很好地诠释了什么是“以客户为中心、以奋斗者为本”的华为精神。

在和客户接触的时候，我并没有急于推销华为的产品和服务，而是首先与客户交朋友，真诚地展示了通信发展能带来的改变。我还记得介绍视频会议系统的时候，我告诉客户，有了这个设备以及网络,就可以在同一个办公室和天南地北的人“面对面”开会，再也不用在几个小岛间来回奔波了，这让曾经坐船掉进过海里的客户眼前一亮。另外，由于我们在当地长期扎根，有一支本地的维保团队，客户可以随时获得华为的服务，这一点是其他厂商所没有的。我们让客户看到了华为的诚意与实力，他们开始愿意与我们合作，首席执行官后来也成为我们最亲密的伙伴。

就这样，随着客户对我、对华为越来越认可，我也根本无法离开科摩罗了，出差变成了常驻，于是我就成了科摩罗“唯一的华为中方员工”。这些年来，我在科摩罗经历了三次总统大选，对接过客户的 6 任首席执行官，真的是“流水的客户，铁打的我”。

如今，华为已经是全球最大的电信网络解决方案提供商和全球第二大通信终端设备供应商。华为能够取得这样的成绩，依托的正是华为人对公司使命的长期坚守——聚焦客户关注的挑战和压力，提供有竞争力的通信解决方案和服务，持续为客户创造价值。华为用 32 年的发展历程，验证了践行企业文化的强大威力。

## 文化与制度不能两张皮

如果问一位企业家，企业文化重要吗？他会告诉你企业文化极其重要，毕竟杰克·韦尔奇说过“百年企业靠文化”嘛。如果你再问他，企业制度重要吗？他会说企业的“法制”建设能不重要吗？子曰：“七十而从心所欲，不逾矩。”（《论语·为政篇》）当你追问这二者之间关系的时候，知道的人就寥寥了。

时下最流行的两股学习热浪中，学阿米巴的企业如过江之鲫，但明白稻盛和夫“敬天爱人”内涵的却没有几个；学习华为业务流程、激励制度的企业多如牛毛，但领悟任正非“以客户为中心，以奋斗者为本”精髓的也没见有多少。学制度而文化不通，瞎学啊！

走在另外一条路上的企业也很多。先学孔子，《论语》《大学》讲得头头是道，再学稻盛哲学或者阳明心学。或许几年之后，还会涌现出对西方几大哲学流派的学习热潮，因为只有这样才能“学贯中西，博古通今”嘛。但学来学去，道可道，非常道。一堆“醍醐灌顶”的哲学思想学完之后，如何在企业实践中贯彻执行，就成了摆在企业家面前的一道重大难题。总不能用《论语》来做市场营销、产品开发吧，也不能用阳明心学来选拔人才、发放奖金吧。访谈过很多企业，员工最反感的就是满口的仁义道德，但落实不到企业和员工的利益诉求上，企业办着办着就跟寺庙差不多了。学文化而制度不通，白学啊！

## 文化与制度的关系

二者的关系说出来其实很简单。已故著名政治学家塞缪尔·亨廷顿在其主编的《文化的重要作用》一书中，早已给出了最基本的论断：文化是制度之母，制度是文化的载体。

拿国家举例。《独立宣言》就是美利坚建国的文化宣言，就是美国宪政制度的纲领性文件。也就是说，美国当时的所有法律制度都要遵从并体现平等、自由等《独立宣言》中所提出的4项核心价值主张。

再举企业的例子。1998年3月23日定稿的《华为基本法》，就是华为当年制定所有制度的纲领性文件。记得其中有一条叫作："金无足赤，人无完人，优点突出的人缺点也同样突出。"体现在公司干部选拔制度上面，就是择其突出优点来任用，再找人来补其关键不足，由此才会有郑宝用、李一男等一大批有严重缺点的人才走向关键岗位，也才诞生了华为人才团队优势互补的"狼狈计划"。《华为基本法》中还有另外一句更重要的价值阐述："我们强调，人力资本增值的目标优先于财务资本增值的目标。"因此，华为才会坚持在人力资本上的长期巨额投资，选拔、培养出来一大批支撑企业长期发展的人才，并采用优胜劣退的动态调整机制不断优化队伍。如此操作，才让华为历尽艰难地走到了今天。试想，人才的"能进能出""能上能下""有序轮换"，中国有几家企业能够在制度层面做到呢？

## 摆脱文化与制度两张皮的困局

摆脱困局的解决方案也不复杂，关键在于执行层面如何落实。这方面中国企业普遍做得非常差。

这里，简要归纳文化与制度融合的“三板斧”，无论过程多么艰难，都希望大家坚定不移地执行下去。

第一板斧：明确公司的企业文化纲要——使命、愿景和核心价值观。使命就是企业存在的意义和目的，愿景就是企业 10 年以上的远景目标，而核心价值观就是 3~5 条企业必须遵循的基本价值准则。表 5-1 是华为和 OPPO 两家企业的使命、愿景以及核心价值观。

表 5-1　华为与 OPPO 的使命、愿景和核心价值观

| | 华为 | OPPO |
|---|---|---|
| 使命 | 聚焦客户关注的挑战和压力，提供有竞争力的通信解决方案和服务，持续为客户创造最大价值 | 让不凡的心尽享至美科技 |
| 愿景 | 构建万物互联的智能世界 | 成为更健康、更长久的企业 |
| 核心价值观 | 以客户为中心，以奋斗者为本，长期艰苦奋斗，坚持自我批判 | 本分（核心价值观的中心和精髓），用户导向，结果导向，追求极致 |

第二板斧：把文化纲要用符合企业实际的通俗语言来描述，让大家容易看得懂、理解得到位。因此，企业就要从文化纲要的梳理阶段开始，通过集体研讨和行动学习，让大家真正理解文化内涵，并成为管理者和员工日常行为的准则。

> 任正非在与产品研发体系一起讨论以“客户为中心”的时候就阐明了自己的理解：“以客户为中心，首先是推行基于客户需求的解决方案，做好解决方案，才能拿得到合同。华为的产品投资决策是建立在对客户需求去伪存真、由表及里的分析理解基础上的。已立项产品的开发过程，也要基于客户需求来决定是否继续或终止。”

第三板斧：在所有制度建设的过程中，必须要以文化为纲，并在定稿和制度执行过程中，不断地做制度与文化的一致性审核，发现不一致的地方就要进行调整。所有的规则制度既包括业务管理制度（例如战略管理、市场与营销管理、产品与研发管理、供应链管理等），也包括人事管理制度（例如人才选用、培养与激励等）。其中的重中之重就是考核激励制度与核心价值观的一致性。

这里，请务必先做好企业文化践行与管理者任用制度的一致性。也就是说，选拔干部，特别是选拔中高层管理干部的时候，一定是两个维度的标准（或者将二者融为一体）：认同公司的核心价值观并具备岗位胜任能力。这里，是否认同公司的核心价值观就是“德”的标准，岗位胜任力则是“才”的标准。高管选拔则要德才兼备、以德为先。

如何评判是否认同核心价值观呢？就是按照我们在第二章中所讲述的简单方法，建立自己企业每项核心价值观的行为分级标准，诸如诚实正直、客户导向、团队协作、开拓创新、追求卓越等核心价值观，都可以建立五级行为评价标准。

同时，在所有人才评价和激励制度中贯彻核心价值观，发现不一致的就坚决纠正。

中国很多企业的文化都特别强调用户至上，但实际考核评价绩效的时候，依然是以短期利润或收入为主导，将客户体验乃至客户安全底线置之不顾，最后的结果就是百度魏则西、滴滴出行顺风车事件、长生生物无效疫苗这类的恶性事件屡发不止。

还有，某家企业的企业文化倡导团队协作，但公司制度中全部都是基于个人的绩效考核，既没有把“公司目标—部门目标—个人目标”三者联动起来，更没有设计部门、团队横向之间的协同指标。结果就是口号提倡的是协作精神，评价机制引导的却是个人主义。

华为 2014 年开始增加的 TUP（time unit plan，直译为时间单位计划，即奖励递延计划，本书第六章对此有专门介绍）长期激励制度，就是践行“以奋斗者为本”的核心价值观的一个范例。因为原来的虚拟股权制度，在实施十几年之后，已经暴露出严重的问题，华为出现了一大批“食利者”阶层。这些人不需要奋斗就可以拿钱。任正非一旦发现制度与文化不一致，就会立即做出调整。

文化与制度的动态一致，是所有企业必须要解决的核心难题。当然，审视文化与制度的整体一致性并不是一项简单和容易的工作，需要企业管理层持之以恒地反思并纠偏。这里考量的是企业核心层的领导力，以及企业系统性管理能力的长期培育。

总结下来，我们可以简单地把企业文化理解为企业的“道”，道不同则不相为谋，道不正则走不远。然而，若想让道成为“真经”而不是“假唱”，就必须解决在操作层面上“术”的问题。唯有道术合一，才能知行合一，在实现梦想的道路上笑到最后。

## 具有自我批判精神，才能不断自我进化

在华为的核心价值观中，我们经常听到的是“以客户为中心”和“以奋斗者为本”。支持这二者的最底层的精神，是“坚持自我批判”。

> 2000 年 9 月，任正非在公司内部发表了一篇经典演讲《为什么要进行自我批判》：“这个世界上唯一不变的就是变化。我们稍有迟疑，就失之千里。我们为面子而走向失败、走向死亡，还是丢掉面子、丢掉错误，迎头赶上呢？没有自我批判，克服中国人的不良习气，我们怎么能把产品造到与国际一样的高水平，甚至超过同行。”任正非用一句话来概括自我批判精神的核心价值：“要活下去，就只有超越；要超越，首先必须超越自我。超越自我的前提就是要敢于自我批判。”
>
> 华为对自我批判的解释是：“自我批判的目的是不断进步、不断改进。只有承认自己的无知和幼稚，才能用心倾听，不断扬弃和持续超越，才能把公司打造成为在瞬息万变的环境中存活更久的自我进化型组织。”

任正非认为，正是因为一直保持着的自我批判精神，才让华为不断进步，具备了不断适应市场的能力，包括在极其严峻的环境中生存下来的能力。他曾这样说：“我们还能走多远，取决于我们还能坚持自我批判多久。”

但是，胜利时的骄傲自满和失败时的垂头丧气，是人性的普遍特征。要想在企业中践行自我批判精神，是一件极其困难的事情。我们从两个方面，与大家分享华为是如何将自我批判精神植入员工内心的。

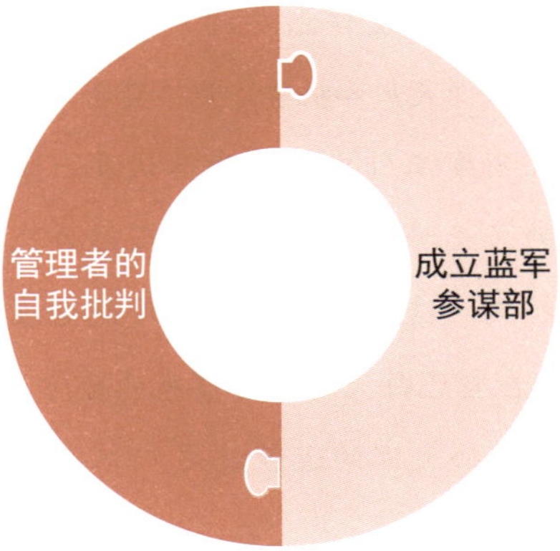


图 5-1　华为坚持自我批判精神的两大关键举措

## 管理层的自我批判

在华为，“坚持自我批判”是干部必须具备的一种素质。自我批判也是干部选拔和晋升考核的一项关键指标。

2000 年，任正非对管理层说：“我们希望所有骨干都要努力塑造自己。只有认真地自我批判，才能在实践中不断吸收先进经验和优化自己，才能真正地塑造自己的未来。公司认为自我批判是促使个人进步的好方法，还没掌握这个武器的员工，希望各级部门不要再给以提拔。两年后，还不能掌握和使用自我批判这个武器的干部，请降级使用。”

在这次讲话中，任正非强调，管理者和管理系统更需要自我批判。没有管理系统的自我批判，企业就难以在迅速进步的社会中生存下来。

2000 年，在华为研发体系发放“呆死料、机票”活动暨反思交流大会上，公司将呆死料和机票作为“奖金”“奖品”发给研发骨干。奖品主要包括在研发工作中，因为不认真、测试不严格、盲目创新等原因产生的呆死料单板器件，以及因为产品的质量问题去前线救火产生的机票。这些“奖品”都用镜框装裱起来。公司让他们把这些奖品放在自己每天都能看得见的地方，警示自己。对于这样的做法，任正非给大家的道理就是：“从泥坑里爬起来的人就是圣人。”

这场批判大会深深触动了研发部门骨干的内心。华为产品体系的干部，大部分是从当年最强大的交换机业务部门走出去的。这些走出去的管理层干部，把创业期建立起来的自我批判精神也带到了各个部门，在他们所在的业务领域内取得了同样不菲的成绩。

为了让管理层理解自我批判的价值，任正非曾经这样说：“别人说我很了不起，其实只有我自己知道，我并不懂技术，也不懂管理及财务，我的优点是善于反省、反思，像一块海绵，善于将别人的优点、长处吸收进来，转化成为自己的思想、逻辑、语言与行为。孔子尚能三省吾身，我们又不是圣人，为什么还不能。”

市场部是前线部门，也是一个最需要激情和意志力的部门。但是，市场部门很多工号靠前的老员工，因为股权收益有了更稳定的薪酬，便渐渐失去了奋斗的激情，滋生出懈怠情绪。老员工的这种工作状态必然会传染给其他员工，市场部整个团队的工作氛围开始涣散。

> 从 2000 年开始，市场部实施客户代表制，目的就是加强自我批判的强度。因为客户经理的目标是单方面的、推介式的，而客户代表是站在客户的角度和立场来批评企业。他们代表客户监督企业的运作，站在客户的角度，从一切微小的细节中，找出产品和服务不到位的地方，提出批评，从而最大限度上达到客户满意，更好地促进企业按照客户的需求运作和发展。

企业管理的最终目的就是努力提升客户的满意度。如果不能进行自我批判,企业就有可能听不到客户的意见。当问题积累到一定程度后，就会影响到企业的信誉，破坏与客户的关系。

无论是面对挫折还是成功，华为人都勇于自我批判，不断找自己的毛病，自己跟自己过不去，最终成就了华为在通信领域的世界领先地位。

## 成立蓝军参谋部，千方百计地“战胜”华为

在华为有一个特殊的部门，叫“蓝军参谋部”（简称“蓝军”）。该部门最早成立于 2006 年，隶属于公司战略 Marketing 体系（战略与市场部）。

所谓蓝军，原指在军事模拟对抗演习中专门扮演假想敌的部队，通过模仿对手的作战特征与“红军”（代表正面部队）进行针对性的训练。华为成立蓝军参谋部的目的，就是对抗“红军”的执行战略和方案，考虑清楚未来三年怎么战胜华为。

华为蓝军参谋部采取逆向思维方式开展工作。它从不同的视角观察华为的战略与技术发展，论证“红军”战略、产品、解决方案的漏洞或问题，模拟对手的策略来对抗“红军”。简而言之，“蓝军”就是为“红军”而生，就是“红军”的假想敌、反对派。

任正非建立蓝军的真实意图，就是为了让公司从战略上建立自我批判的思维模式，承认自己“不知道什么是自己所不知道的”，避免“红军”陷入自以为是的误区。

2008年，任正非在研委会第三季度例会上的讲话中提道：“在研发系统组成一支‘红军’和一支‘蓝军’，‘蓝军’要想尽办法战胜‘红军’，千方百计地钻它的空子，挑它的毛病。”“‘蓝军’就是想尽办法来否定‘红军’。不要怕有人反对，有人反对是好事。”

任正非接着说，有些人特别擅长逆向思维，挑毛病特别厉害，就把他培养成为蓝军司令。蓝军司令可以是长期固定的，但蓝军的战士是流动的。这样，蓝军部门也是华为人才的培养基地。任正非说，过一段时间就可以把原来蓝军中的战士调到“红军”中做团长，“红军”的司令官以后也可以从蓝军的队伍中产生。

谈到华为蓝军的作用，最知名的一个例子是被誉为华为“二号首长”的郑宝用曾经带领的蓝军成功扭转了华为终端的命运。

2008年，华为和贝恩等私募基金接触，计划出售华为终端业务。郑宝用领导的蓝军经过大量研究分析和调查论证后，指出未来的电信行业将是“端—管—云”三位一体，终端将决定需求。任正非最后拍板保留了终端业务。10 年后，华为终端消费者业务的营收，约占华为总营收的一半。现在回过头想，要是没有蓝军，此时的华为不知道又是怎样一番面貌。

华为蓝军发挥作用还有另外一个例子。随着华为成为全球智能手机市场的头部玩家，华为蓝军开始拿着放大镜查找华为手机存在的瑕疵。

2015 年，华为有一款手机因为在高温环境测试时出现了胶水溢出。尽管其概率仅为千分之几，但蓝军评估后，否决了这批手机的上市决定，挽回了 9000 多万元的直接经济损失。

蓝军除了能够直接“对抗”各个业务部门，它还是第一个敢于直接对任正非本人提出批评的部门。2018 年，在华为内部的人力资源 2.0 总纲研讨班上，时任华为蓝军参谋部部长的潘少钦发表了一篇文章，剖析任正非的“十宗罪”，节选如下：

——任总的人力资源哲学思想是世界级创新，但有的时候指导过深、过细、过急。

——任总的很多管理思想、管理要求只适用于运营商业务，不能适用于其他业务。

——华为的人力资源体系执行得过于机械化、僵硬化、运动化，专业力量没有得到发挥。

——不要过早否定新事物，对新事物要抱着开放的心态，让子弹先飞一会儿。

……

这种“炮轰司令部”的华为蓝军思维，是这家企业长期保持活力的法宝之一。

任何个人和企业都会犯错误，只有长期、持续不断地自我批判、自我反省，才能不断认识到自己的不足和错误，并提升和改正自己，让企业走得更好。

当然，学习华为的自我批判精神是极其困难的。批判别人容易，批判自己很难，需要极大的勇气和毅力，需要不断地与自己的灵魂搏斗。

总结下来，企业领导者是否能够做到自我批判，并把这一条明确作为干部队伍的行为准则，是企业能否真正做到自我批判的关键。

## 把企业文化传递给客户和合作伙伴

十几年前，我给国内一家电信运营商的省级公司领导层做管理培训。培训之前，我想和对方确认一下讲课的重点。参训单位的一位领导就对我说："吴老师，我们没有什么具体需求，你只要讲讲任正非对企业管理的理解就好了，因为我们都是他的'铁粉'。"他接着说："出于对任总的仰慕和信赖，我们公司会优先购买华为的设备。即使我们知道华为的新产品并不完美。"

以上看似非理性的购买行为，其实经常会发生在优质品牌企业身上。以苹果手机为例，我们身边许多人会基于对乔布斯本人的崇拜而持续不断地购买苹果公司的产品；同理，我们很多人也会基于对法拉利先生的敬仰而购买法拉利公司生产的跑车。

大部分华为客户企业的领导都没有见过任正非，他们对任正非思想的了解，几乎全部来自与华为人的不断交往，以及华为给客户长期提供的文化培训。

20 多年来，华为会不断邀请客户企业的领导层和各级管理者到华为参观考察，其中一个非常重要的目的就是对他们进行华为文化培训。来到华为园区之后，他们不仅可以了解华为的产品和服务，华为的研发和生产管理过程，还可以亲身体验华为“以客户为中心”“以奋斗者为本”的文化内涵和具体实践。长年坚持下来的结果就是，华为文化开始植入客户的心中，把他们对华为公司的认知，从物质层面升华到了精神层面。

20 年前，我在华为从事销售工作的时候，我们经常会在客户的购买合同中附赠培训课程，或者以很大的折扣让客户购买我们的系列培训课程。这些课程不仅包括各类专业培训，也必须要包括企业管理和文化培训。即使在我离开华为之后，华为大学也会邀请我回去，给客户的高层管理者讲授华为文化和人才管理的课程。

经过这些系统化的培训之后，客户企业的领导层就会不知不觉地变成了“花粉”。我们经常半开玩笑地对他们说：“给你们讲课不容易啊，某些方面你们比华为员工知道的都多，讲课中稍有不慎，就会被你们抓到把柄。”

除了培训之外，华为早期还有两份重要的对外宣传刊物——《华为人报》和《华为文摘》，这两份刊物都会发送给每一位客户企业领导和主要管理者。每当我们与客户交流的时候，他们都会把他们的学习心得和我们分享，当然，也会给我们提出各种改进的建议。

以《华为文摘》为例，它是我迄今看到的企业文化传播的最佳刊物。其中的大部分文章都是华为内部人写的，上至任正非，下至普通员工，但核心内容都是如何理解和践行华为文化。下面的这段文字，摘自《华为文摘》第二辑，是当时华为员工石文金在 1996 年写的短文的开头部分。今天读到它，仍会让我激动不已。

几乎每个华为人都备有一张床垫，卷放在各自的储存铁柜的底层或办公桌、电脑台的底下，外人从整齐的办公环境中很难发现这个细节。午休的时候，席地而卧，方便而实用。晚上加班，夜深人静，灯火阑珊，很多人整晚不回宿舍，就这一张床垫，累了睡，醒了再爬起来干，黑白相继，没日没夜。可以说，一张床垫半个家，华为人是携着这样一张张床垫走过八年创业的艰辛与卓越，颜色各异、新旧杂陈的一张张床垫，承载着我们共同的梦想。床垫文化构成华为文化又一道独特的风景。

不仅仅针对客户，华为文化的宣传也会传递给华为的供应商和价值链上的其他合作伙伴。

当年我在华为的时候，公司领导会要求我们针对不同的合作对象，制作差异化的沟通宣讲材料，其中不可或缺的一个组成部分就是华为文化。

我们的合作伙伴经常对我们说，和你们一起吃饭，其实是在“吃文化”；和你们一起谈合作，其实也是在谈文化。华为甚至要求负责接待的司机，都必须能够给外部伙伴讲华为文化。

离开华为之后，有一次和几位华为的供应商朋友一起吃饭，我就问他们，这些年和华为谈生意最大的体会是什么。他们不约而同地对我说，和华为合作三年之后，我们就会被你们“洗脑”，渐渐走到了同一个“战壕”里。

任正非之所以伟大，一个极其重要的特点就是他对华为文化价值的非凡理解。中国的大多数企业认为，企业文化是一些比较虚的东西，不如产品和解决方案实际，只要我把客户想要的东西做好了，客户自然会愿意不断购买我们的产品。任正非的理解却是，客户和合作伙伴对一家企业的认知，不仅局限于我们所提供的那些“实用”的东西，更是基于对华为品牌的认可度和忠诚度。而一家企业的品牌，一定是源自这家企业的使命、愿景和核心价值观。

近期，华为遭遇了前所未有的困难局面，华为不慌不乱的一个重要原因就是我们坚信：只要坚守承诺，持续为客户创造最大价值，客户最终会回到我们的怀抱。正如任正非在回答英国广播公司记者时所说：“美国不代表世界，世界不能离开我们，因为我们更先进。”

# 06

# 薪酬激励之道

## 四位一体，动态迭代

俗话说，打劫容易分赃难。在我接触的企业当中，知道如何“分钱”的并不多。大多数企业领导者都愿意与大家分享收益，但“钱散”并没有带来“人聚”，反而带来的是怨声载道或者欲壑难填。问题究竟出在哪里？为什么华为“分钱”可以激发出长期奋斗的动力呢？

# 四位一体的薪酬体系

华为的薪酬体系看似与其他企业没有区别（见图 6–1），与国际优秀企业的做法也完全一致。但一项项内容拿出来分析，就会发现背后的思考逻辑和深刻内涵。

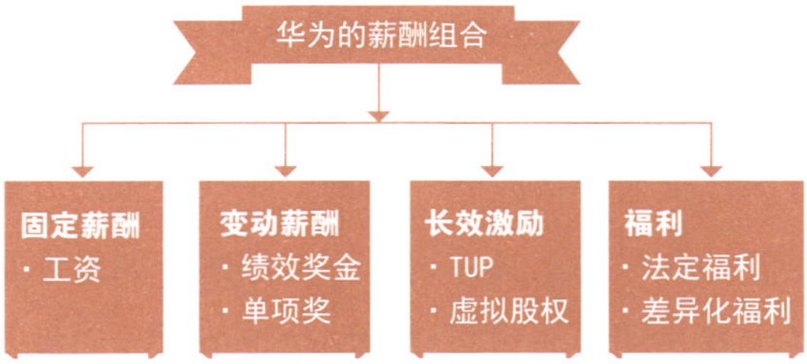


图 6–1　华为薪酬体系的基本构成

## 固定薪酬设计的要点

固定薪酬就是每个月都要发到员工手里的钱，有的企业叫作工资。大多数企业会出于各种考虑，把固定薪酬切分成为几个部分，如岗位工资、能力工资、补贴工资等。但从薪酬设计的角度看，我们会统称为固定薪酬。

固定薪酬由三个因素决定，分别是岗位价值、胜任能力和外部竞争力。其中，岗位价值基本上决定了薪酬的内部公平性，也就是岗位越重要，岗位薪酬越高，易岗则易薪。因此，薪酬设计的时候，首先要对企业内部的岗位进行“称重”，重量大小决定了该岗位在薪点表中的高低位置。

> 企业最常犯的一个错误就是只要岗位处在组织结构的同一个层级上面，就误认为这些岗位的价值接近。比如，营销总监、产品总监、研发总监、供应链总监、财务总监、人事总监等，都是总监，但实际上岗位的价值差别很大，最终体现在工资上可能会出现数量级的不同。
>
> 以华为早期为例，研发总监的固定薪酬是所有总监中最高的，而总监和总监之间、经理和经理之间，至少会有2~3个薪级的差别。

如何进行岗位价值评估或者“称重”呢？很多人力资源管理咨询公司都会提供各种各样的工具，这里不再详述。如果你是一家小型企业，又不想花大钱让顾问公司来评估岗位价值，我们推荐以下这种最简单的方法。

- 把企业的高层管理者召集在一起，在人事负责人的帮助下，将公司的所有岗位清单都列出来。
- 集体讨论，明确岗位价值确定的3~5项基本原则，例如，工作责任的大小、工作的复杂程度、对创新的要求等。
- 按照确定的原则集体讨论，把所有岗位先大致分为高、中、低三大类别。

- 再对每一类中的每一个岗位进行排序，可以采取相近岗位比较排序的方式。
- 出现争议的时候，大家讨论协商。无法达成一致时，由公司最高领导决定。
- 在使用过程中发现问题或者岗位角色本身发生变化，再动态调整。

固定薪酬的第二项决定因素是胜任能力。对于一般企业而言，岗位确定的是一个薪酬范围，例如工程师的工资为5000~8000元，但最后钱是分到人头上的，因此，同一岗位的不同员工，由于胜任能力的差别，工资会在岗位工资带上的不同位置。为了确定同一岗位上张三和李四究竟谁应该拿更多的钱，就需要对他们进行胜任力评估。胜任力评估的简单方法请参考本书第二章中的相关内容。

第三项决定因素是薪酬的外部竞争力。前面两个因素基本决定了薪酬的内部公平性问题，但薪酬数额的具体确定，必须考虑与外部人才竞争性同行的薪酬对标，否则会出现同样岗位的薪酬远远高于或者严重低于市场水平的情况，由此导致激励过度或激励不足。

很多咨询公司都会以收费方式提供这方面的对标数据，包括本行业所有主要岗位的薪酬区间、不同地域薪酬的差别系数等。如果你不想购买这些薪酬数据，我给出的建议就是找出2~3家与本公司在人才方面竞争激烈的企业，了解它们关键类别员工的薪酬水平，再结合自己公司的实际，确定岗位的薪酬水平。

我们介绍一个华为早期薪酬数据确定的实例。20多年前，西门子、摩托罗拉、爱立信、思科和中兴通讯是我们主要的人才竞争对手，而研发类人才又是其中的重点。因此，我们就采取各种手段，获得了这5家企业研发人才的大致薪酬数据，主要包括工程师等初级岗位、高级工程师等中级岗位以及专家等高级岗位的薪酬水平。在获得上述数据的基础上，我们制定了P75分位值的薪酬策略，也就是高于大多数（75%）竞争性企业同类岗位的薪酬，但又不是取最高位值。

从操作性上来看，或许有人会说，我们很难摸清竞争性企业所有类别和所有岗位的薪酬水平。实际上，我们只需要拿到重点类别（如研发和营销），以及重点类别里重点岗位的薪酬数据就可以了。因为，外部薪酬调查数据存在的最大问题就是数据不够聚焦，给出的是一个同行业大量企业的统计结果。而具体到每一家企业，人才竞争的对手却非常聚焦，通常也就是3~5家。因此，华为的方法针对性会更强，效果更佳。

## 变动薪酬设计的要点

所谓变动薪酬，是指各类随考核成绩的不同而变化的薪酬部分。比如，时间维度上评估的月度、季度或年度奖金，以及项目维度上评估的各类奖励，等等。虽然股权类收益也是变动的，但我们会将其归为长效激励部分。

决定变动薪酬的因素有两个，一个是组织绩效，另一个是个人贡献。所谓组织绩效，就是指集体绩效，如公司、部门、团队、项目等的绩效都属于组织绩效；而个人贡献就是指个人绩效考核的成绩。

企业在设计变动薪酬的时候，最常犯的错误有以下两个：

### 奖金满天飞

许多企业，员工只要干活就会发奖金；只要承担各类项目就有项目奖，兼职还会有兼职奖，动态增加工作任务或工作量也会有奖。结果就是，干得很差的员工都会有少量的奖金，干得一般的则会有更多的奖金。这就违背了奖金发放的基本原则：必须超过设定的基线工作目标。

以华为为例，如果你的工作成绩不及格（绩效成绩为 D），你不但不能获得奖金，还会面临岗位调整甚至被辞退。另外，基于增量考核原则，华为针对每个岗位，每年的基线工作目标都要上浮。举个最简单的例子，如果一位销售员去年销售收入达到 100 万元有机会获得奖金的话，在同样情况下，今年的销售收入必须达到 110 万元才有机会获得奖金。参与各类项目的奖励原则也是如此。

### 没有将组织绩效和个人贡献联动

今天的企业里，团队协作比过去要重要得多，孤胆英雄已经越来越难有生存空间。然而，许多企业的奖金机制并没有因此改变，依然维持过去主要基于个人贡献分配奖金的模式。由此导致一种非常诡异的现象：某个部门业绩极差，但该部门内部的某些员工却可以拿到很高的奖金；公司整体业绩很差甚至亏损严重，大家却异口同声地要求领导给自己发奖金，而且还不能比去年的奖金额度少，因为自己感觉干得并不赖。

因此，为了鼓励团队协作，形成整个公司目标一致、利益一致的奖励机制，我建议企业将个人业绩与团队业绩、部门业绩和公司业绩形成联动机制。本书的第二章有联动公式的具体示例。以美国英特尔公司为例，员工的个人奖金与三个系数联动：个人绩效、部门绩效和公司绩效。一般而言，级别越高的员工，与公司联动的比例可以越高，至于操作类员工，例如各类工人、普通文员以及其他辅助类工种的员工，则可以适度地与团队目标联动，不需要与更大的组织目标联系在一起。

## 长效激励的设计要点

在一定程度上，利益共同体可以支撑事业共同体。因此，对于企业的核心和骨干而言，长效激励不可或缺。华为、阿里巴巴、苹果和谷歌，这些国内外优秀企业的长效激励方案虽然不同，但都取得了很大成效。

以华为为例，1996年我进入华为之后，当年就获得了内部股的权益。随着时间的增长和贡献的增大，我内部股的数额和总收益也逐年提高。1998年业务分红的时候，我当年的内部股收益就一次性付清了住房按揭贷款，从而更加认同公司“不让雷锋吃亏”的文化，坚定了长期服务的信心。

然而，长效激励是一把锋利无比的双刃剑，无论是从管理理论还是管理实践上看，传统的股权激励与企业所提倡的“以奋斗者为本”是相悖的。长期使用下去，最大的弊端就是出现食利者阶层。他们可以不用再拼命干活，靠吃分红和拿股本增值就已足够了。

很多咨询机构都在向企业家兜售“一股就灵”的股权激励方案。因此，许多企业只知道传统的股权激励，但不清楚长期激励的多种变化模式。

以目前最普遍的合伙人激励模式举例，可以采取利润分享计划、TUP、虚拟股权（不含决策权）、附加各种限制条件的股权（同股不同权）等构成长期激励的多种方式。

与传统的股权激励相比，新型长期激励模式的最大特点在于其动态化。也就是说，激励的数额和行权的资格与被激励对象职位、业绩、能力的变化高度相关，离开公司一般也会终止权益。这样就杜绝了一劳永逸，充分体现了“理念共识、风险共担、价值共创、收益共享”的价值准则。

以华为为例。无论过去的内部股还是2002年开始的虚拟受限股，都有几个非常重要的维度。一是与你的岗位价值相关。华为采取的饱和配股机制意味着，你的岗位越高，你可能获得的最大股权数额越高。岗位调整之后，你可以获得的股权数额也随之发生变化。二是与你当年的贡献相关。同等岗位贡献大的员工，股权数额也会大。此外，股权激励还有核心价值观认同度和可成长性的评估两个维度（见图6–2）。如果你离开公司，除了批准退休的少数核心骨干之外，其他人都需要按照约定的价格回收股权。这样就实现了长效激励额度的动态化。

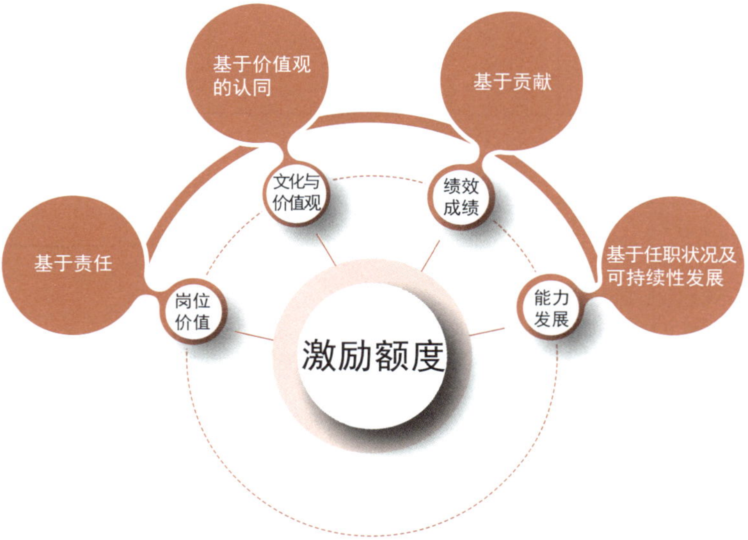


图6–2　华为股权激励评估的四个基本维度

表 6-1 是我们为某高科技企业设计的饱和配股方案的实例，供各位读者参考借鉴：

表 6-1　某高科技企业的饱和配股方案（局部）

| 薪酬级别 | 职位层级 | 饱和配股额度 |
|---|---|---|
| 10 | 一般员工层 | 10 万股 |
| 11 | | |
| 12 | | |
| 13 | 专业技术人员 | 15 万股 |
| 14 | | 20 万股 |
| 15 | | 30 万股 |
| 16 | 主管层 / 高级专业技术人员 | 40 万股 |
| 17 | | 60 万股 |
| 18 | | 85 万股 |
| 19 | 中层管理人员 / 专家 | 120 万股 |
| 20 | | 170 万股 |
| 21 | | 240 万股 |
| 22 | 高管层 | 500 万 ~2000 万股 |
| 23 | | |
| 24 | | |

各职级饱和配股额度：

- 指员工岗位对应的职级所能够配股的最大数量。
- 原则上，若员工持有股数达到了这个数量，只能等职位提升或职级饱和配股额度调整才能继续配股。
- 根据公司虚拟受限股的累积情况，每 3~5 年公司需要对各职级的饱和配股额度进行调整。

## 福利设计的要点

这里需要给大家澄清一个基本概念。福利只能消除不满意，但无法带来满意。以食堂为例，如果没有食堂会给员工带来不便，则食堂就变成必要的选择，而且要保证基本的餐饮质量和安全，还会有适当的补贴，让员工感受到公司在生活上的关爱。谷歌就是提供免费餐饮，苹果和华为则提供收费用餐，但在质量和花样上都是上乘水平。但是，即便你把食堂搞成五星级的标准，每年都有山珍海味，员工也不会满意，因为高大上的饮食并不是员工的核心需求。

因此，福利设计的原则就是少而精，主要包含两项即可：一是符合国家和地方法律法规的要求，包括各种保险、各种基金等；二是面向企业文化的建设，如各种有助于改善团队氛围，有助于加强公司文化建设的活动经费，等等。

> 大多数公司都会有生日礼物。其中生日蛋糕、代金券或者各种市面流行的商品是很多企业的首选。华为却不是如此。记得当年我在华为的时候，第一年的生日礼物就是一个很便宜的相册，其中有企业文化纲要和公司发展图片，还有公司领导的祝福语。但它成为我终生保留的纪念品，意义非凡。

归纳而言，除法定福利之外，其他福利的精神文化价值必须远远高于物质价值。各种没有考虑企业文化价值的福利，都是投资回报率很低的选择，建议逐步放弃。

## 利用 TUP 进行长效激励

前一节已经讲过，长效激励必须动态化，否则有可能沦落成“养懒”模式，与“以奋斗者为本”的核心价值观背道而驰。同时，长效激励还需要结合企业发展的实际，不断与时俱进，这样才能达到激励员工长期奋斗的效果。

从 2014 年开始，华为推出了 TUP 长效激励方案。TUP 究竟是什么？华为为什么要推出 TUP 方案？它可以帮助华为解决哪些关键性问题？

### TUP 很简单，执行 TUP 却很不简单

古往今来，物质激励的兑现方式从时间维度上可分为两种，一种是即时兑现，另一种是延期兑现。一般而言，劳动方式越简单，即时兑现就越普遍，例如劳务工、操作工的计时或计件工资等。越是复杂的劳动，其价值认可与兑现的时间就越长，大多需要采取短期与中长期结合的方式支付总报酬，例如科学家、艺术家、设计师、高级管理者等。诺贝尔奖就是延期兑现的一种经典范例——验证价值后的杰出贡献奖。艺术家凡·高就更有意思了，其真正的价值兑现居然会是在身后许多年。

TUP 即时间单位计划，是现金奖励型的递延分配计划，属于中长期激励模式的一种。除了分配额度上参照分红和股本增值确定之外，TUP 的其他方面与涉及所有权性质的股票没有任何关系，它更接近于分期付款：先给你一个获取收益的权利，但收益需要在未来 N 年中逐步兑现。

华为采取的基本模式为：假如 2014 年给你配了 5000 股，当期股票价值为 $x$ 元，规定当年（第一年）没有分红权。

2015 年（第二年），可以获取 5000×1/3 分红权。

2016 年（第三年），可以获取 5000×2/3 分红权。

2017 年（第四年），可以全额获取 5000 股的分红权。

2018 年（第五年），在全额获取分红权的同时，还进行股票值结算。如果当年股价升到 $y$ 元，则第五年你能获取的回报是：2018 年分红 + 5000×（$y-x$），$y$ 为 2018 年的当期股票价值，同时对这 5000 股进行权益清零。

可以看出，华为采取的是五年期（N = 5）的 TUP，前四年递增分红权收益，最后一年除了获得全额分红收益，还能获得 5 年中股本增值的收益。

在具体操作中，N = 3~5 都可以。另外，华为采取的是一种加速度兑现的方式，也就是说，一开始兑现的比例小，每年增加兑现的额度，最后一笔结清。其他企业可以根据自身的情况，采取等速度兑现或减速度兑现的模式。例如，一家企业希望保留住刚刚加入的年轻骨干员工，我们就帮它设计了 N = 3，且 50%、30%、20% 减速度兑现的方案，只是最后一年没有增值的权益。

TUP 在国际上已经非常成熟，毫无创新可言。但是，分析华为原有长期激励方案的执行效果就会发现，华为实施 TUP 是要解决自身激励机制中存在的严重问题。

## 华为原有的“虚拟受限股”长效激励模式的弊端

华为从 1990 年吃长效激励这只“螃蟹”，率先实施内部集资股。之后，华为长效激励模式经历了 4 次重大变革。虚拟受限股从 2002 年开始正式实施，随着实施时间的积累和企业生存环境的变化，这种模式的弊端也逐渐增大，到了必须“做手术”的时候了。

首先，全球化的华为必须解决外籍员工的长效激励问题。现行的虚拟受限股具有浓厚的中国特色，不能得到所有国家一致的法律认可，导致华为在激励模式上无法与国际接轨。这不仅对一大批外籍员工的激励效果欠佳，还会对华为人才全球范围的有序流动带来障碍。

更加重要的是，随着时间的推移，华为的老员工们躺在股票收益上混日子的问题，也到了非解决不可的地步。众所周知，与互联网新贵相比，华为的工资和奖金没有任何优势。就物质回报而言，虚拟股权的收益才是华为人真正看重的东西，特别是那些 2000 年之前就加入公司的老员工，他们的工资和奖金只是零花钱，买房子、移民、子女教育等大宗消费均来源于股权收益。这其中的一部分人，要么已经失去了继续奋斗的动力，要么不再具备与时俱进的能力，开始躺在股票上赚钱。由此导致内部分配的严重不公，背离了华为以长期奋斗者为本的核心价值观。从 2004 年开始，华为就在不断清理这些历史遗留问题，但是由于虚拟受限股固有的制度缺陷，这个老大难问题，也就是任正非所说的“拉车的人在不拉车时的分配问题”，始终没有得到根治。

2004 年，华为开始实施提前退休政策。当时规定工龄满 8 年、年龄 45 岁以上并符合其他相关条件的老员工可以不用退股办理退休手续。其用意相当不错，既腾出许多中高级职位，解决了新老接替的一大障碍，又能让退休员工老有所养，顾及了他们“扛过枪、渡过江”的历史性贡献。但随着提前退休人员规模的日益增大，公司每年收益中支付给这批退休人员的比例也在增大，不断地摊薄了在职员工的贡献收益。这个沉重的历史包袱必须逐步卸载，也就是要解决“拉车的人和坐车的人的分配公平性问题”。

另外一个问题也不容忽视。过去十几年来，华为最大的人才流失去向就是以腾讯为首的互联网企业，单腾讯一家就挖走了华为数千名骨干，其中一个重要原因就是给钱多。面对 BAT 等互联网公司推出的“三高”式（高薪、高位、高成长）人才掠夺政策，华为需要大幅度强化对新员工的长期物质激励和职业发展激励，并营造更加开放包容的文化氛围。

## TUP 的核心价值及其局限

TUP 是一种非常简单的现金递延激励方案，不存在任何法律上的障碍。第一，从短期看，TUP 的实施可以直接解决全球不同区域、不同国籍人员激励模式的统一问题。兑现任正非所坚持的获取分享制，只要你拉车而且能拉好车，则你的价值必须在分配中得到体现，与你的肤色、国籍、资历没有关系。

第二，TUP 的实施也更好地解决了工作 5 年之内新员工激励不足的问题。按照人力资本投资回报率的一般性周期，员工入职两年内属于投入期，之后才是投资回报期，这个时间优秀员工的离职给企业造成的损失最为惨重。华为采取的五年制 TUP 模式以及“递延 + 递增”的分配方案，恰好可以对冲这种局面。当你工作满 2~3 年，翅膀硬了想离职高飞的时候，却因为机会成本过高而选择放弃离职继续干下去；而工作 5 年之后，对于其中前 30% 的优秀员工，其他更有效的激励方式会接踵而至。

第三，从中长期看，随着 TUP 实施范围和力度的逐渐增加，原虚拟受限股收益占总收益的比重就会逐渐下降。持续实施下去，对公司价值的主要创造者（“拉车人”）的激励比重就会逐步赶上甚至超过对食利阶层（“坐车人”）历史性贡献的认可，从而逐步纠正原股权激励制度由于实施时间太长，导致过于强化历史性贡献的不合理一面。

第四，从 TUP 对整个分配结构的影响看，由于 TUP 的收益稀释作用（占用了部分可分配利润），原来受限股的分红比重会下降（从过去占可分配利润的 50% 下降到 25%），对不再继续“拉车”的老员工必然带来冲击。但这种冲击的力度和影响面都很有限，因为真正优秀的老员工的原虚拟受限股拥有量很大，而且 TUP 的授予会补充一部分收益进来。只有那些无法继续成长的老员工，才会感受到长期收入减少的压力，这恰恰是华为希望看到的一种局面。

因此，华为采取 TUP 模式，完全是基于企业文化和发展战略在激励机制上的配套变革。其中最大的获益者就是那些长期奋斗的人才，既包括优秀新员工也包括优秀的老员工。而最大的受损者就是躺在股票上数钱的人，主要包括拥有大量股票但不能“拉车”或不想继续“拉车”的“老干部”。至于提前退休的人，华为会让他们继续享有股权收益，但是会控制好收益额度的上下浮动区间，相当于高息型的存款收益而已。

有人说，华为会将现在的虚拟受限股全部转换为TUP，这显然是对不同长效激励模式作用理解上的无知。TUP虽然有诸多好处，但其弊端也非常明显，最大的问题就是其与企业长期发展的捆绑力度不足，属于中期的激励模式，不是针对少数核心层——事业合伙人的最佳激励方案。因此，TUP不可能成为华为唯一的长效激励模式，它与现行虚拟受限股的结合，可以阶段性地体现长效激励模式的组合拳效应。

因此，中国企业向华为学习激励机制的时候，千万不要照搬，而要首先理解其背后的逻辑，再根据自身情况选择性地应用。企业可以采取的长效激励方式还有很多，但有效才是王道。

## 让激励有效果的两大底层要素

很多企业认为，必须有足够的钱才能产生足够的激励效果，但从实际来讲，有钱没钱和激励机制是否有效没有任何关系。很多创业公司没有多少钱，照样可以吸引并激励优秀员工；而很多财大气粗的企业，不恰当的物质激励却带来负面效果。

从本质上看，华为激励机制成功的背后有两个非常重要的底层要素。企业如果把握好这两个要素，激励的效果就会凸显；否则，再多的钱也是白搭，搞不好还会带来负面效果。

### 获取分享制

有人看到网上转载任正非的一句话：只要钱给够，不是人才也能变成人才。于是就有人问我，华为成功是不是验证了那句老话，“重赏之下必有勇夫”？

我说根本不是。华为高薪背后的逻辑是任正非的“获取分享制”，和创业阶段“不让雷锋吃亏”的逻辑完全一致。你首先必须是“雷锋”——贡献者，因为你贡献大，所以给你的回报就高。这里的回报不仅仅是物质回报，还有荣誉奖和成长空间。华为的人均产出高居全球高科技企业的第七位，而中国企业人均产出平均值仅有欧美企业的1/4，这才是华为人可以多拿钱的硬道理。

这位先生接着问我：反过来，即因为给钱多，所以贡献就大，就不成立了吗？

是的，雇佣军模式不成立。必须先“打土豪”，再“分田地”，也就是使命驱动发展，发展赢得回报。其一，和所有其他优秀企业一样，华为人创业期拿到的钱并不多，但因为大家被任正非“忽悠”地相信了华为的使命和愿景，拼命干出了非凡的成绩，所以才能不断地分享比别人更多的胜利成果。这和当年红军甘愿爬雪山、过草地的道理一样。其二，华为始终坚持成绩越大、分享越多的分配原则，绝不让“雷锋”吃亏，绝不让“二流子”有容身之地。客观公正的价值评价和利益分配体系，让华为的“雷锋”层出不穷。

在我们咨询过的企业里，看到与华为反差巨大的一点就在于分钱的逻辑。比如，企业要做薪酬激励制度的改革，大部分人心里盘算的就是自己这次究竟能涨多少工资，很少有人考虑自己不仅不能被加薪，甚至存在被调岗或者被辞退的风险。华为则不是如此。华为人考虑更多的是自己贡献的大小、能力提升的快慢，否则，加薪离自己会越来越远。薪酬体系改革的目的绝不是养懒，而是最大限度地体现差别、奖励贡献。

说到底，只有把企业文化植入员工内心，物质激励的效果才能显现。因此，阿里巴巴的“上三路”是使命、愿景、价值观，“下三路”才是组织、人才、KPI，没有“上三路”的内在感召牵引，“下三路”就必然会走偏。给钱往往不是问题，激励无效才是中国企业的大问题。

此外，华为近期推行获取分享制，还有它重要的现实意义。本章的前面已经提到，很多华为的元老，因为虚拟股权收益很高而滋生了“躺着赚钱”的思想，为了打消他们的念头，华为将劳动回报和资本回报的比重重新做了划分（见图 6–3）。

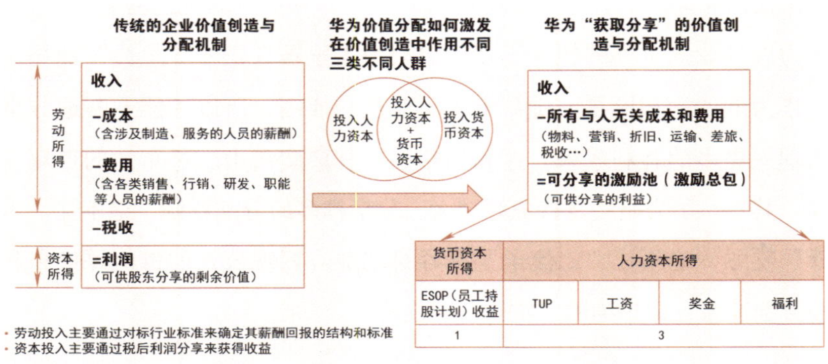


图 6-3　华为“获取分享”的价值创造与分配机制

可以看到，在华为的激励总包中，人力资本所得和货币资本所得的比例是 3∶1，劳动贡献是获取回报的主要方式。未来，这个比例还会继续提高，通过缩小货币资本回报的比重，让那些希望“不劳而获”的“持股人”断掉念想，坚持长期奋斗。

## 期望值管理

大多数企业错误地认为，给钱越多，激励效果就最好，实际上并非如此。

薪酬数额的绝对值固然重要，但薪酬绝对值与个人期望值的差距，才是激励是否产生效果的关键。

> 如果员工张三对自己年薪的期望值是 15 万元，则公司实际给到他 18 万元，超出他的期望值，张三就会感到满意。但是如果张三对自己年薪的期望值是 20 万元，则同样给他 18 万元就起不到应有的激励效果。

大家或许会问，张三的期望值为什么是 15 万元而不是 20 万元呢？这里就涉及期望值管理的问题。以华为为例，因为我们非常重视期望值管理，让员工对自己的薪酬预期在理性的范围之内，由此才会让激励产生应有的效果。

贪婪，是人的本性之一。欲壑难填是激励机制设计中面临的人性挑战。华为在激励方面最大的贡献就是让员工的期望值回归理性。那么，华为是如何管理好员工期望值的呢？

首先，华为坚持设定具有挑战性的目标——不能让目标很容易达成。

其次，在考核中，华为坚持兑现 A 占 10%、B 占 40%、C 占 45%、D 占 5% 的基本比例（见表 6–2）。对 A 的要求是超越目标，而目标又具有挑战性，所以得 A 是很难的，越往高层走越得不到 A。华为有接近一半员工的考核结果是 C。刚开始考核的时候很多人会问："为什么我干得这么好还是 C 呢？"我说 C 是正常，他说不正常。我说什么是正常？他说 A 是正常。我说 A 是不正常的，A 是超常。华为目标值的挑战性很高，也就意味着即使企业的目标达成率是 70%~80%，总奖励包也很大。一方面，得 B 或得 C 的员工（占员工总数的 85% 左右）发现自己没有完成目标；另一方面，他们发现自己拿的奖金还挺多。这样一来，员工拿到钱的时候就会产生“负疚感”：老板对我们太好了，我们干得不咋地，公司还给这么多的钱，惭愧啊！明年必须撸起袖子好好干。

表 6-2 华为绩效评价的等级及其标准

| 等级 | 定义 | 华为绩效评价等级及其说明 | 参考比例 |
|---|---|---|---|
| A | 杰出 | 实际绩效经常显著超出预期计划 / 目标或岗位职责 / 分工要求，在计划 / 目标或岗位职责 / 分工要求所涉及的各个方面都取得特别出色的成绩 | 10% |
| B | 良好 | 实际绩效达到或部分超过预期计划 / 目标或岗位职责 / 分工要求，在计划 / 目标或岗位职责 / 分工要求所涉及的主要主面取得比较突出的成绩 | 40% |
| C | 正常 | 实际绩效基本达到预期计划 / 目标或岗位职责 / 分工要求无明显失误 | 45% |
| D | 需改进 | 实际绩效未达到预期计划 / 目标或岗位职责 / 分工要求，在很多方面或主要方面存在着明显不足或失误 | 5% |

反观大部分中国企业，目标值定得低不说，考核得 A 的比例还很大，由此造成许多员工误认为自己干得很棒，而企业给自己兑现得太少，由此助长了人性中贪婪的一面。这样一来，再多的钱也无法喂饱他们。

总结下来，华为激励模式未必适合所有企业，但它的核心理念和操作方法可以给许多中国企业带来借鉴，有利于企业把“价值创造—价值评价—价值分配”的人力资本增值循环做得更好。

# 薪酬激励的常见误区及其解决方案

总体上看，中国企业薪酬激励仍然在低水平徘徊，显示出的特征就是走入了许多误区，导致激励的效果很差。这里，我们仅举出三个最典型的误区，与大家分享走出误区的解决方案。

## 误区一：究竟要不要采取“底薪 + 提成”的激励模式

这个话题很有意思。因为绝大多数中国企业的销售类员工，都采取“底薪 + 提成”模式，效果还不错。甚至还有无底薪提成模式，比如某些临时的促销推广人员。

华为以及许多跨国企业的销售人员，基本上不采取上述这种模式，效果也很好。因此，有必要对提成模式的适用范围做一下分析。

假如主要依靠单打独斗来销售，且销售业绩能够在最长不超过 1 年，甚至 1~2 个月内就可以直接体现，比如保险销售人员或者各种销售代理，采取“底薪 + 提成”模式就没有问题。当然，确定提成比例是一门大学问。不同的产品、同一产品在不同阶段的提成比例都是动态的，不公平现象时有发生，这里就不一一细述。

反之，如果销售需要“前—中—后”端的组合团队来完成，销售之外必须要兼顾人才培养、横向协作，更进一步，还需要考虑战略性大客户开发，则继续采用单一的“底薪＋提成”模式就很值得商榷。

比如，战略性大客户的开发周期一般很长，如果开发周期一年以上甚至更长时间，采取“底薪＋提成”模式就没人去干了，即使战略客户对公司有巨大的长期价值。

涉及人才培养、团队协作的时候，“底薪＋提成”模式的缺陷也会暴露出来。你带的新人如何计算提成？别人帮你做了部分工作又如何计算提成比例呢？这些都成了“千古难题”。当然，海底捞用“徒子徒孙”业绩累加提成的模式，较好地解决了店长培养问题。但是针对知识劳动，这个方法未必适用。

因此，一旦发现这类问题，就需要对原来的“底薪＋提成”模式进行优化乃至变革。优化模式一般采取“销售提成模式＋其他重要目标奖励机制”的双轮驱动；变革模式就是把提成制改为“综合目标奖励制”，也就是华为等企业所采取的绩效目标管理模式。

## 误区二：绩效目标值的高低究竟该如何确定

企业普遍存在目标博弈的难题：当目标达成与激励联动的时候，管理者和员工都希望把目标值定低，这样拿钱就会相对容易；而企业家却不是这样想的，他们希望把目标定得尽量高一些。

其实，这个问题解决起来并不困难，只要你愿意去改变。

首先，必须要设定不可能轻易达成的挑战性目标。根据心理学的压力与动力平衡原则，总体工作目标达成率为70%~80%，是挑战性目标值的最佳选择区间。目标太低，员工压力不够，也就无法完全释放潜力；目标太高，大家绝望后同样会失去动力。

以华为为例，100% 达标的部门和人员比例大致只有 10%，大部分人的达标情况在 60%~90%，5% 左右的人不及格。这就完全符合压力与动力均衡的目标设计模式。

这样一来，大家自然会问到另外一个问题：当目标与奖金挂钩的时候，大部分人没有 100% 达标，他们的奖金分配数额是否会因此受到影响呢？

答案是否定的。因为奖金包的大小，原则上是由公司利润额决定的。虽然大部分人没有 100% 地完成挑战性目标，但因为员工动力得到了充分的激发，相比目标没有挑战性的其他企业，奖金包的数额总体会更大。

这样一来，一方面，大部分员工没有完全达标，因此自己认为干得不咋地，不会对奖金有不合理的高预期；另一方面，员工得到的奖金数额比预期要多，激励效果得到了充分体现。

## 误区三：如何解决“内部公平性”和“外部竞争性”之间的矛盾

薪酬设计理论中，最基本的原则就是既要满足内部公平性，也要满足外部竞争性。也就是说，岗位不同，薪酬范围则不同；同时，薪酬标准还需要与市场水平对标。这两条要求看似简单，但实际操作中的问题很大。

这里首先涉及一个问题，就是新老员工的薪酬矛盾。先看一个典型的案例。

某公司于 2016 年招聘某专业应届毕业生时，根据外部薪酬调查数据，确定了月薪 7000 元的起薪水平。到了 2017 年，由于市场对此类专业人才需求的增大，平均薪酬水平提高了 20%。为了确保人才质量，该公司将月薪起薪提高到了 8500 元。虽然招聘问题得以解决，但由此却带来了内部不公，2016 年入职的员工怨声载道：为什么老员工比新员工挣得还少？

“空降兵”与“元老”的同岗不同酬，是内部公平性被破坏的另一种情形。相信很多公司都出现过类似的问题。在市场经济环境下，不提高新人的薪资，难以在激烈的外部竞争中赢得人才的青睐；而提高了新人的薪资，又会破坏内部公平，导致老员工的不满。两难之下，大多数企业会选择优先外部竞争，只有这样才能招到新的人才，确保企业的长远发展。而新老员工之间在薪酬方面的矛盾也必然会产生。

那这个问题应该如何解决呢？通常，我们可以通过以下 4 种方法（如图 6-4 所示），来实现薪酬分配的相对公平。

图 6-4　新老员工薪酬矛盾的解决方法

### 通过奖金的方式解决

毕竟同等情况下，多干一年的人更加容易获得高绩效。这样一来，即使部分老员工固定薪酬偏低，但加上变动薪酬的总薪酬包会与新入职员工相当，甚至超出新入职员工。

通过签约津贴的方式解决

也就是新员工增加的这 1500 元不是作为工资，而是作为“签约费”来按月发放，且规定签约费发放时间最长两年。

所谓签约费，原本是体育俱乐部进行运动员转会操作时，想要得到运动员的俱乐部为了加快转会的达成，在转会费与违约金之外，向原俱乐部额外支付的一笔费用。很多使用明星代言的企业，除了和经纪公司签订代言合同之外，还会与明星签订有关签约费的协议。比如，明星每参加一次宣传活动，或者发布一次宣传信息，就会获得额外的签约费，以此来提高明星对产品进行宣传的积极性。

现在，签约费也被很多企业借鉴，但是把这笔钱用在了增加新入职员工的基本收入上面。

给予不在薪资结构内的额外签约费，能够在不打破公司薪酬体系标准的前提下，提供有竞争力的薪酬待遇，有效找到合格的新员工。签约费发放的时间限制，我个人建议选择两年。道理也很简单：假如一个员工有能力，两年之后的收入会大幅增加，签约费变得无足轻重；如果两年之后还没能成才，就不应该再继续享受津贴，薪酬下调也是理所当然。

通过长效激励的方式解决

不论采取 TUP 还是分红权、期权或股权等模式，长效激励都与工作年限有关，也就是在公司工作的时间越长，同等情况下享受长效激励的机会和数额就越大。利润分享收入的增加，也足以弥补固定薪酬的暂时不公平。

### 按照贡献确定薪资

一个企业在招聘的时候可以使用成本定价的方法，即参考劳动力的投入成本（博士 > 硕士 > 本科 > 专科）来给付薪酬。但是，在员工进入公司之后，薪酬体系就应该由成本定价转变为价值定价，也就是根据员工为公司做出的贡献来确定他们的薪资（贡献定价）。与此同时，企业还需要设置阶段性的薪资调整，通常以年为单位。也就是说，如果员工的能力很突出、表现很优秀，就应该得到涨薪的激励。而能力一般的员工，虽然不一定要给予降薪处理，但即使薪资停留在原有水平，其实也是在相对降薪。因为从过去 20 年的统计数据看，中国企业的总体人均薪酬水平在逐年增加。

> 华为在招聘新人的时候，按照学历的不同，本科、硕士及博士的薪酬存在一定差异，通常是博士＞硕士＞本科。因为在刚开始入职的时候，公司并不能马上了解他们的工作水平，所以只能先按照学历来进行初步的判定。但是在进入公司以后，每年都有一次调薪的机会，这时候我们就会根据员工创造价值的多少，对他们的实际业绩和真实能力进行衡量，再据此进行薪酬调整。也就是说，如果一个员工足够优秀，那么薪资每年都能得到提升。所以，两年之后，在华为工资最高的并不一定是博士生。

当然，薪酬激励不可能做到绝对公平。以上 4 种方法在解决新老员工薪资矛盾方面有着突出的作用，而物质之外的精神激励，同样是不可或缺的。这就是下一章要给大家分享的核心内容。

# 07

# 全面激励之道

## 点燃内在驱动力

丹尼尔·平克在《驱动力》中，以长达 40 年有关激励的持续研究为基础，揭示出“胡萝卜加大棒”的外部激励措施，不再是激励我们自己和其他人的最好方法。唯有唤起员工的内在驱动力，才能让企业业绩持续提升。那么，薪酬激励之外，华为是如何激发员工内在不竭动力的呢？

# 建立多重赛道，让员工快速奔跑

在 VUCA 时代[①]，企业面临前所未有的压力和挑战，创造性员工的价值凸显，但激发这些高价值员工的长期动力很难。这里，首先需要建立一套员工职业发展的管理体系，华为称之为“任职资格管理体系”。

## 建立多条专业发展通道，激发员工驱动力

中国传统的官本位文化，让绝大多数中国企业形成了“自古华山一条路，万众一心奔仕途”的思维定式。以官为贵，以官为尊，员工沿着“主管—经理—总监—总经理”的道路一步一步往上爬，成为个人职业发展的唯一通路。但残酷的现实却是：这条上行道必然会越走越窄。因为感到希望渺茫，绝大多数人会在中途就失去继续攀爬的动力，转而选择离职另谋高就或者原地踏步。另外，企业大量的研发、营销、生产等专业人才中，只有一小部分人真正适合走上管理通道，即使勉为其难地让他们晋升到管理岗位，结果也很可能就是“多了一个蹩脚的管理者，但失去了一位优秀的专家人才”。

① VUCA 指不稳定（volatile）、不确定（uncertain）、复杂（complex）、模糊（ambiguous）的商业环境。

反观欧美等发达国家，由于“仕途”文化淡漠，专业主义盛行，各路豪杰可以自由选择最适合自己的专业通道发展，不在乎是否成为高层管理者。由此带来的巨大收益就是：个人会很自然地在管理和专业两大通路上做出最适合自己发展的职业选择，由此畅通无阻地发展下去。苹果公司的乔纳森·伊夫始终把自己定位为产品设计专家，专注于让苹果手机在外观设计和人机交互体验上的世界领先地位，而不是把大量的精力投放在组织建设和队伍管理上面。因为人家明白，合适的人在合适的岗位才是企业最佳的用人之道。再比如，现代企业需要一批优秀的产品经理，但产品经理显然不属于传统的职能管理岗位，官本位无疑大大抑制了这类重要人才的价值创造空间。

根据马斯洛的需求层次理论，个人需要的最高层次是自我实现和自我发展的需要。现在的员工也越来越重视职业发展，他们关注的不仅是眼前的待遇，更关注个人的成长空间，包括在企业内部的职业发展和社会化的生存能力。通过职业生涯规划，建立多重赛道，为员工提供多种可供选择的发展机会，将员工自己的未来与企业的未来相结合，才有可能达成“双赢”的局面。

华为是中国第一个引入“五级双通道”① 任职资格体系的中国企业。“五级双通道”的意义就在于任何一名员工，均可以选择管理通道或自己最擅长的一条专业通道发展，让员工在组织平台上找到未来的发展空间，产生向上的驱动力。如果某个技术高手不适合成为管理者，则他（她）完全可以走上技术专家的道路。只要有本事，最终可以发展为最高专业级别的“企业院士”，享受高级副总裁的待遇。专业通道不止一条，可以根据企业需要，分为市场、营销、产品、技术、工艺、采购、财务及人力资源等。这样就让所有企业认定的人才拥有了最适

① 现在是“五级三通道”，又增加了一个横向职位类——项目管理。

合自己的发展通道，实现人尽其才。

## 牵引员工能力发展，促进员工职业晋升

企业不仅要关注员工的职业发展，更需要对员工进行赋能。任职资格体系是一套人才能力成长与发展体系，华为通过任职资格体系的构建，为人才能力的提升提供了清晰的指引，不断牵引员工树立自我学习与发展的意识。对员工来说，任职资格体系可以起到“尺子”和“镜子”的作用。“尺子”指的是建立员工能力评价的客观标准，解决人才评价论资排辈，以及凭感觉、拍脑袋的问题。“镜子”则可以让员工对照任职资格标准进行自检，激发员工自主性，主动寻找差距，进行自我改进和提高，促进职业的晋升与发展。

> 华为的任职资格制度一直在发展。目前，华为的软件工程师可以从1级一直做到9级，9级相当于高级副总裁的级别，与高级副总裁享受同等待遇。新员工入职之后，如何向更高级别发展，怎么知道差距，华为有明确的制度。比如，1级软件工程师的标准是写万行代码，做过什么类型的产品，等等，有明确、可衡量的具体要求。员工可以根据这个标准自检，企业也会通过认证评估来识别并发现人才，帮助他们沿着专业阶梯快速发展。

划分员工职业发展通道后，华为对职位类别进行模块划分，提炼技能要项，针对每个级别的每一项技能要项开发出相应的关键区分点及详细标准，为企业员工选拔晋升提供了标准依据。

图 7-1 华为员工职业发展通道的细分标准

每一条行为标准应该尽可能描述清楚 4 个方面的内容，即行为内容（做什么）、行为方式（怎么做）、行为结果（输出什么），以及衡量标准（输出成果的质量、形式及载体要求）。在进行任职资格认证评价的时候，员工可以根据认证通道的标准准备相应的举证材料进行现场答辩，认证评委则可以对照标准及评分规则进行提问和打分。任职资格等级认证一方面可以评价员工的能力已经达到了什么样的水平（能力评价），另一方面指明了员工能力改进和提高的目标和方向（能力提升）。

## 基于任职资格与薪酬体系的应用

任职资格体系设计完成以后，需要对原有的激励体系进行必要的调整。第六章已经讲过，全面薪酬体系包括四大组成部分：固定薪酬（工资 + 综合性补贴）、变动薪酬（绩效奖金）、长效激励（股权、期权、分红权、TUP 等）和福利。根据任职资格认证结果所对应的薪酬分配属于固定薪酬（工资）部分。

能力薪酬制度是指以任职者所掌握的企业经营、发展所需的工作能力为薪酬支付基础的薪酬制度，定薪和调薪以能力评价结果为主要依据（部分企业也会兼顾绩效）。图 7-2 是能力薪酬模式的一个范例。

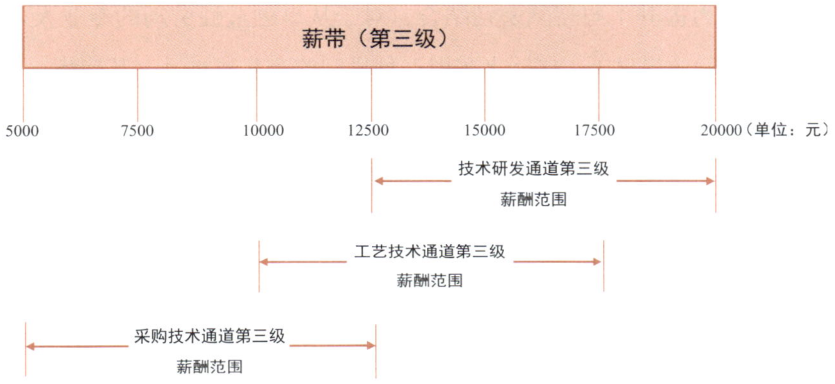


图 7-2　能力薪酬模式（示例）

能力薪酬制度的基本假设是员工能力越高，为企业创造的价值就越高，即相信“有好的能力就有好的结果”。当好的能力没有产生好的结果时，应重点反思改进企业机制中存在的问题。

在能力薪酬的评价与分配中，以任职资格等级认证结果作为员工定薪、调薪的主要维度，以绩效考核作为薪酬分配调节的次要维度。

一般而言，实施能力薪酬的企业需要具备一定的条件，如：

- 企业类型：技术导向、创新型的知识密集型企业更适合采用能力薪酬。
- 文化背景：具有团队协作和能力导向的文化氛围。
- 组织模式：扁平化的组织结构和非职能式的运作模式。
- 人力资源管理：相对完善的能力管理体系、完备的人才培养等人力资源基础管理工作。
- 人力资源素质：管理者具有较强的人力资源管理能力，员工职业素养较高。

与传统的单一绩效薪酬体系相比，能力薪酬可以将员工的职业发展（能力提升）与薪酬密切结合，对于从事创造性劳动的专业人才而言，激励效果显著。国际上采取这种机制的企业数量呈上升趋势。

## 让人才在良性约束下自由发挥

究竟什么机制才能让人才创造出更大价值？华为的经验是，让人才在良性约束下自由发挥。这包含两大要素：一是打造创新的舞台，与世界交换能量；二是鼓励探索，宽容失败。

什么是良性约束？良性约束就是共同的价值观。在共同的价值观下，企业的使命和愿景与个人的追求能够契合在一起，人才团队就有了一致性的方向引导，共同的创造力就能转化为高价值。在华为，共同价值观就是以客户为中心，以奋斗者为本。

### 打造创新平台，激发人才最大价值

2018 年，华为研发投入高达 891 亿元人民币，占销售收入的 15%，研发投入名列全球第五，超过了苹果和英特尔等研发投入巨头。华为一直在用今天的钱构建明天的核心能力。

华为研发的一个典型特色就是坚持开放式创新，与全球逾百所高校及研究机构合作，与两位诺贝尔奖获得者、100 多位院士、数千名学者同行。

雷纳托·隆巴迪先生（Renato Lombardi）是世界著名微波研究专家。因为隆巴迪先生是意大利人，几年前，华为把微波研究中心设在了米兰。马丁·克里纳先生（Martin Creaner）是全球知名商业架构师。华为为了他在爱尔兰科克市（一个不知名的小城市）设立了研究所。如今，这个最初只有一个人的研究所也有了 20 多人的专家团队。马修·雷汉尼尔先生（Mathieu Lehanneur）曾是卡地亚、三宅一生等品牌的设计师；现在，他是华为法国美学研究所的首席设计师。

人才在哪儿，资源在哪儿，华为就在哪儿。华为尽可能为人才提供合适的场景、条件来激发创新。现在，华为在全球已经建立了 26 个能力中心，就是为全球科学家、专家提供一个平台，目的是要让科学更好地造福人类、贡献社会。

除此之外，华为还通过创新研究计划（HIRP），与 120 多所著名高校和研究机构、100 多位院士进行合作。HIRP 计划旨在广泛吸收高校与科研机构的优秀思想，共同实现重大技术创新突破。自 2010 年在欧洲启动以来，该计划已覆盖全球 30 多个国家和 100 多所知名高校。

华为创新研究计划通过华为官网公开对全球发布三个类别的项目，即 Exploratory（探索）、Open（开放）、Flagship（旗舰）。

Exploratory 类项目就是“喝咖啡”，更多的是通过技术峰会、论坛进行创新思想交流，或者资助学者进行“无人区”、学术前沿的基础理论创新的探索研究。Exploratory 就是让科学家的研究成果像灯塔一样，可以照亮我，也可以照亮别人，而且灯塔是科学家的，完全不影响科学家们去推动产业化。

Open 类项目就是覆盖华为感兴趣的技术领域和方向，面向全球学者公开征集创新研究的思路。运作方式会在华为的官网上公开，全球的大学和研究机构都可以申请。

Flagship 类项目，就是面向华为研究与创新中的重大技术难题，通过邀请这个领域的领先学者，共同实现研究突破。

简单地说，Exploratory 类项目就是要谱写一篇伟大乐章，但没有人知道这篇乐章的样子，需要科学家前仆后继地研究与创新。Open 类项目就是乐谱已有了一个大概的轮廓，需要科学家们在这个大概的轮廓下去寻找主线。Flagship 类项目就是谱曲过程中最激动人心的部分，怎么谱写，怎么演奏，华为与科学家们携同并进。

截至目前，华为 HIRP 资助的项目已达到 1200 个，实现了大量的技术突破，部分成果也已经成功商用。比如，与慕尼黑工业大学合作的手机噪声处理技术，已经应用于华为手机；德国国家工程院院士约瑟夫·诺塞克（Josef Nossek）教授，将无线领域的方法引入光通信，攻克了光传输 100G 波分产品核心芯片的功耗难题。

科学思想和商业应用之间的巨大鸿沟被称为“死亡谷”，需要资金、耐心和技巧来弥合。从基础理论到商业应用是一个漫长而艰辛的过程，中间需要数十年甚至上百年的转换与推动。在颠覆性创新中，失败是必然的，成功是偶然的，一次成功的背后是千千万万的失败。大学侧重于基础科学研究，企业投入资源将基础科学研究转化为市场所需的商品及应用。唯有大学与企业的紧密合作，才能跨越“死亡谷”。

华为布局全球创新能力的策略，用华为的话来说就是：“在有凤的地方筑巢，而不是筑巢引凤。”也就是说，在全球找人才，找到后围绕他建立一个团队，而不是一定要把他招到中国来。在任正非看来，离开了人才生长的环境，凤凰就变成了鸡，而不再是凤凰。

布局全球能力，是为了构建基础研究的强大优势。华为有了基础研究的领先平台，才能成就一个接一个产品及产业的成功。在一个过度崇尚商业模式制胜的大环境下，华为的实践更有深度启发和长远意义。

## 鼓励探索，宽容失败

过去十年，华为研发的总投入超过 380 亿美元，其中约有 70% 用于开发。开发是一个确定性工作，强调保证质量、效率提升。另外，还有 30% 用于基础性研究。研究是不确定性的工作，需要鼓励大胆探索。对于不确定性工作，华为设定了一个收敛值——0.5，也就是说，华为允许 50% 的失败。在华为看来，这不叫失败，应该叫勇于探索。

任正非有个生动的比喻，“先开一枪，再打一炮，然后范弗里特弹药量”。“先开一枪”，就是在不同前沿技术方向研究。华为非常鼓励对未来不确定性技术进行探索，探索中没有失败这个词。当感觉到有可能会出现技术突破，那就“再打一炮”。当你觉得有点把握的时候，再进行密集投入，就是“范弗里特弹药量”。

创新是有代价的，必须把自己置于风险中。华为成立以来，一直在不停地犯错。当年做无线时踩错点，错过了窄带 CDMA（码分多址）网络，错过了小灵通。但是，华为有失有得——错过小趋势，大方向却始终没错。对待科学家，任正非认为需要包容，允许他们犯错，这样才能让华为的黑土地更肥沃。

任正非始终认为，对于科学家的话或观点，应放在一个很长的时间轴上去看，不能过于计较现实性意义。“孟德尔发现遗传基因后，见解沉寂了 200 年，才被人类重新认识。”任正非说。他认为，华为对科学家要多一些宽容，当然，前提条件是要大致对准主航道。华为能取得今天的成绩，就是因为30年来持续聚焦主航道，用充足的弹药对准同一个城墙口冲锋。

员工在探索的过程中，企业容错空间越大，创新的可能性就越大。否则，员工就会产生害怕出错的心理，遇到下达的任务只会按照指示执行，不敢越雷池一步。

为了保障创新的产生，华为项目管理领域有个重要的假设——“在项目中做错误的决策比不做决策好”。这一假设通常用于判断项目经理的领导力和决策力。在华为获得“蓝血十杰”称号的一位项目经理曾分享过他多次“犯错”的经历：被狂怒的客户拍着桌子从办公室里骂出去，被客户首席执行官一直投诉到公司管理层，被公司审计、稽查访谈好几轮，也按制度规定挨过批评、罚款和问责。但这些都不妨碍他拿到多块项目金牌和华为“蓝血十杰”称号。正是这些容错的空间让华为人有了创新的可能。

> 任正非说，华为的容错率是很高的，放手让大家去做，在研究上要允许大家犯错误，要给予充足时间和空间让研究人员安心去做。假设一个新研究项目能够做出来，那华为就获得了天才；假设一个新研究项目做不出来，华为就得到了人才。因为能够成功的项目非常少，所以是天才。而项目失败的研究人员，他们经历过失败，知道失败的滋味，同时努力过、奋斗过，所以一定可以更好地总结过去，不重复犯同样的错误，继续前进，这正是公司所要得到的人才。

但是，容错并不代表随意的宽容。任正非在回答“2012实验室”

科学家提问的会议上曾说:“在创新问题上，我们要更多地宽容失败。宽容失败也要有具体的评价机制，不是所有的领域都允许大规模地宽容失败。因为你们是高端研究领域，我认为模糊区域更多。有一些区域并不是模糊的，就不允许他们乱来，比如说工程的承包等都是可以清晰数量化的，做不好就说明管理能力低。但你们进入的是模糊区域，我们不知道它未来会是什么样子，会做成什么。因此，你们在思想上要放得更开，可以到外面去喝咖啡，与人思想碰撞，把你的感慨写出来，发到网上，引领一代新人思考。也许不只是华为看到你了，社会也看到你了，没关系，我们是要给社会做贡献的。当你的感慨可以去影响别人的时候，别人就顺着你的思路一路走下去，也许他就走成功了。”

## 让听得见炮声的人来呼唤炮火

华为在成为一家大公司后，大公司该有的毛病，比如机构冗余、层层汇报、权力分散、决策缓慢、部门墙厚重等现象在华为也同样存在。拥有太多权力和资源的华为决策机构远离战场；为了控制运营风险而设置的诸多流程控制点滋生了严重的官僚主义及教条主义，导致华为最前线的作战部队不得不将大量的时间耗费在与后方平台的频繁沟通协调上，只有不到 1/3 的时间用于找目标、找机会以及将机会转化为结果。

面临更不确定的未来，很多关键性的业务决策难度事实上大大增加了。公司决策层在相当多的时候变得更为谨慎。这种谨慎就转换为对下面业务部门的地狱式煎熬，评审，评审，再评审，一个委员会接一个委员会地汇报，PPT（演示文稿）做了无数个版本，做 PPT 的人死了无数脑细胞。

面对越来越大的市场，战线不断被拉长，华为的管理者们认识到，如果不能迅速解决这个棘手的难题，让一线拥有更多的决策权，那么战机稍纵即逝，留给华为调动资源的时间将越来越少。2009 年初，任正非在公司销售服务体系奋斗颁奖大会上发表讲话，提出“让听得见炮声的人来呼唤炮火”，要让华为的先进设备、优质资源，在前线一发现目标和机会就能及时发挥作用，为前线提供有效的支持。谁来呼唤炮火，应该让听得见炮声的人来决策，而不是让拥有资源的人来指挥战争、拥兵自重。

## 机动灵活有效的前端组织

> 企业的规模化发展不在于个人，而在于组织。2014 年 9 月 23 日，任正非在“班长的战争”对华为的启示和挑战汇报会上表示：‘班长的战争’不是班长一个人的战争，而是一种灵活、轻便和高效的组织运作。其核心是在组织和系统支持下的任务式指挥，实现一线呼唤炮火。任务式指挥是通过授权和指导，支持敏捷且适应力强的下级指挥官在意图范围内发挥有纪律意识的主动性，用自己的方式最有效地实现上级指挥官的意图。

随着华为组织变革的深入，“班长”将有更多的作战能动性和更广的作战半径，以及更高效的炮火支援。

任总在多次讲话中强调，公司需要 5~10 年把组织调整到既稳定又充满活力的方向上。他说，我们的队伍既要英勇奋斗，又要灵活机动，不拘一格选人才，未来的领袖团队将在这场变革中诞生。

## 强大有力的平台支持

美军在实战中，当一线发起呼唤炮火以后，支持平台必须有能力迅速组织资源，形成强有力的火力支援，才能取得战争的胜利。如果没有强有力的后台保证与协同，那么仅有灵活的前方是不够的。所以，大公司需要体现的最终优势恰恰就是平台的力量。图 7–3 是华为前方“铁三角”+ 后方“大平台”组织的示意图。

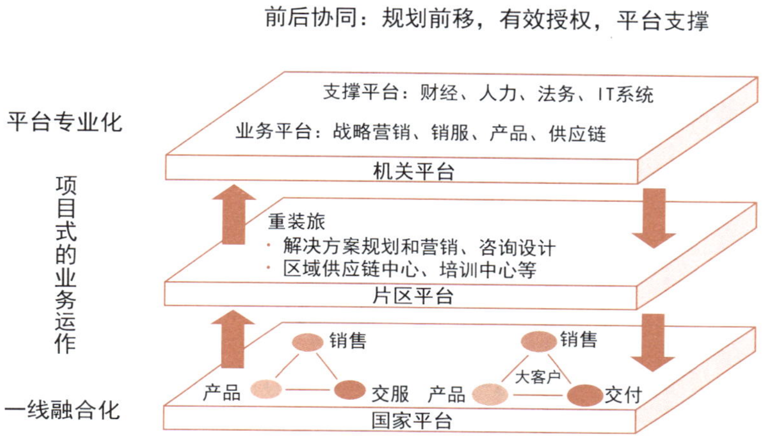


图 7-3　华为前方“铁三角”+ 后方“大平台”组织

## 清晰明确的授权机制

通过分析美军的案例，我们可以清晰地看到，前端小组对于决策和调用资源的权力是被清晰地定义下来的。一线小组决定发起战斗，呼唤炮火的指令可以有效牵引平台的资源，使资源得到有效组织与执行。在华为，4000 万美元以下规模的作战资源调拨是得到了授权的，可以快速自行决定，而无须层层审批。如果一线对炮火呼唤的权力没有被清晰定义下来，那么前后方的协同就会变成一个很大的瓶颈，小前端、大平台的协作优势将无从发挥。

反观中国企业的现实，很多公司一直在强调向一线授权，但实际情况是从道理上大家都理解，但实际就是落实不下去。问题就在于这种权力只是一种模糊的导向，而没有被清晰地定义下来。如何才能清晰地定义权力？不能靠传统的以行政归属来授权，而应该沿着我们的作业指引——流程来定义权力和责任。

现在华为所做的流程落地，同时也在沿着流程的责任进行权力梳理，使得每一个作业岗位都清楚自己的权力和职责边界。在需要决策时，员工可以在自己的授权范围内迅速做出决策，并确保这种决策沿着后续的流程得到有效的支持与运转保障。

## 有效的监管

在清晰向前授权的同时，要保证能得到良好的监管，否则很有可能会失控。

> 再回到美军的案例分析上，有一个细节容易被忽视，那就是当一线小组发起并组织了一个小规模战役，中央战略司令部能同步看到全过程。如果在授权范围内，他们就不干预，但全过程透明可见。正如奥巴马远程观看海豹突击队的行动，众多的高官并不干预海豹突击队的运作。试想，一旦一线指挥官做出了越权的决策，肯定会被干预和介入的。

任正非曾经说过，班长这个“螳螂”后面还有一只“黄雀”。黄雀不能轻易地抓螳螂。如果螳螂正在集中精神捕蝉，黄雀就不要去抓它。如果他的方法不对可以总结，事后可以去讨论。

# 建设年轻人喜欢的组织氛围

未来必然属于90后、00后；到2025年，3/4的职场人士都是90后。这意味着在不久的将来，90后会逐渐成为职场的中坚力量。崇尚自我，不好忽悠，鸡汤免疫，不差钱，不喜欢规矩和约束，信服大牛，不服权威……这些都是90后的共性。如何在工作中管理好他们，对所有企业和管理者都提出了新的挑战。

## 实行参与式管理，激发责任感

参与式管理指的是在不同程度上让下属参与组织的决策及管理工作，以调动成员对组织的认同感。研究表明，对组织发展的密切参与会产生强烈的责任感，员工因为能够参与商讨与自己有关的决策及管理工作而感受到内在的激励。

### 让员工最大限度地知情

让员工掌握充分的知情权，向他们打开分享企业决策过程的窗口。知情权就是参与式管理的一种表现。员工渴望的参与并不一定就是“我要插手或投票公司的重大事务”，即便你只是把公司的重大事项及时告知他们，员工也会油然产生强烈的参与感。

对此，美国传媒大亨雷石东说："我不喜欢'告知'这个词，它像是传达某种既成事实的决定。但我知道它对公司意味着什么。我必须频繁地使用它，因为员工需要在第一时间被告知公司究竟想干什么。"雷石东非常喜欢将自己对未来的畅想告诉自己的员工，听一听下属的意见。因为他知道，那些人才是最专业的，需要给予他们充分的知情权，这对工作是有好处的。

据调查，在所有激励因素中，最强大的激励因素之一是感觉知情。他们觉得自己好比一个大家庭里受到尊敬的成员，可以参与实现整个公司的各项目标。这就是主人翁意识和打工者意识的本质区别。

### 参与部分决策

传统的企业组织中，大多数人没有参与决策，甚至无法提前得知必要的决策信息，却承担着决策之后最重要的执行任务。在这种组织框架下，决策和执行都会不断地出现问题，比如共识障碍，员工作为执行的主要载体对公司的决策没有很好地把握，执行时经常会跑偏。

在具备条件的情况下，可以让骨干员工或中高层管理者参与到决策中来，特别是与基层执行有关的事项。把他们纳入决策系统，既可以激发这些人的干劲，也可以集思广益，听取他们的意见，为决策提供更全面的视角，避免"一言堂"带来的弊端。

> 20 年前，华为基本上是任正非做决策，其他领导去执行。从 2002 年开始，这种决策方式的弊端越来越明显，华为因此改为参与式决策，即重大的决策事项均有 EMT 来讨论决策，任正非只拥有最后的一票否决权。

事实证明，员工参与了决策的过程，对决策的内涵（为什么要这么做）就会有更深的理解，也会全方位地明白决策的重要性，那么，在决策的实施过程中，他们就更容易认同这项决策并很好地执行。

另外，员工一旦参与了决策的过程，他们就会发现自己能力与公司发展要求的差距与不足。这会促使员工反过来审视自我。决策需要有足够的判断和站位的高度，需要对公司的整体经营和业务有一定的认识，需要有专业的分析和判断力。假如员工因此而获得这些方面的能力提升，团队的整体战斗力必然会大幅提高。

## 营造 90 后年轻人喜欢的组织氛围

组织氛围又叫组织的温度计，是人对工作周边环境的体验与感觉。影响组织氛围的因素有很多，主要包括对组织成员的激励方法、企业文化、领导风格、信息沟通方式等。

研究表明，薪酬制度只能让员工发挥 20%~30% 的能力，而高绩效的组织氛围能够使员工发挥最大的潜力。具体的表现就是业绩好、效率高、沟通顺畅，员工队伍有能力且充满激情。

然而，建设年轻人喜欢的组织氛围，需要有一套“组合拳”，从上至下、从里到外系统性地去搭建，而不仅仅只是通过户外活动、聚餐、唱歌等团建活动去打造。这里，我们分享一下华为专门针对 90 后年轻人，在组织氛围营造方面的两项关键性举措。

### 搭建互动平台，让员工大胆地发表意见

华为建立了内部网站心声社区。公司绝大多数重大和非重大的政策、决定，包括任正非的讲话、各级高管的讲话都会第一时间发表在内部网站上，让 19 万员工评头论足。发帖者可以实名，也可以“穿马甲”，谁都不允许追查发帖者，而且这个匿名制执行得非常彻底：任何人想去

了解“马甲”背后的真实身份，必须经过任正非本人批准。

> 任正非曾经遇到过这样的事情：心声社区的负责人找他，说有一条信息批评了公司某一位高管，这位高管要查发信息的员工的工号。任正非说：“好啊，把我的工号告诉他。”这个人拿着任正非的工号去查的时候，发现是任正非的工号。在这个平台上什么话你都可以讲，但谁都不允许去查是谁说的，因此华为的心声社区被称作“透明的玻璃社区”。

在19万人的监督和广泛的民主参与下，华为总体上仍能保持相对健康向上的组织文化，庞大的组织仍然具有强大的活力和凝聚力。一方面，各级高管被置身民主监督的氛围中；另一方面，公司也从员工跟帖中，吸收了大量丰富的思想营养和许多有价值的意见和建议。任正非说：“我在跟帖中看到的是‘将星在闪耀’。”心声社区成为华为内部民主的“罗马广场”。

除了心声社区之外，华为员工还有其他的沟通渠道，比如，在务虚会上可以进行例行的思维碰撞，发散讨论，管理者也可以听听大家的想法；茶话会是华为特色的员工心声平台，它为大家解答疑惑，解决问题；STW（战略技术研讨会）更是一个面向公司高层、免责的“罗马广场”；华为大学培训中，有一个环节是针对公司价值观进行大辩论，允许有反对的观点，只要是动了脑筋的、有水平的观点，都可以过关；甚至有员工在大会上当面批评任正非，任正非说：“我没生气啊，我生气的是那种唯唯诺诺、根本就不动脑筋的人。”

### 关怀身心健康：重成果，不提倡加班

华为把工作的含义定义为：工作可以是享受，也是生活的一部分。

很多人在进入华为之后，会潜移默化地接受这种观念，最后发展到为工作废寝忘食，以办公室为家。努力工作是为了幸福生活，如果工作与幸福生活相差万里，工作就失去了意义。

2008 年，华为首次设立首席员工健康与安全官，并专门成立了健康指导中心，规范员工健康标准和疾病预防工作，为员工提供健康与心理咨询。对于在海外艰苦地区进行工程项目的员工，每半年要进行强制性体检，体检通不过的，不再留驻艰苦地区工作。华为南京研究所正在研发一个名为“SHIPS”的系统来检测员工的身心健康安全。“SHIPS”能动态、实时地监测员工、团队的健康状况，及时对有风险的员工、团队进行预警，提示其直接主管甚至是公司领导及时关注，以有效避免健康问题的发生。

华为常常谈奋斗，但是加班绝不等同于华为的奋斗精神。华为要求普通员工加班需要进行申请，获得批准后才可以加班。即使需要加班，在夜间加班之后也应立即安排次日调休。华为不提倡盲目加班，因为 SHIPS 系统曾检测到，盲目加班反而会影响工作效率。员工持续性加班却又不能达到正常的工作效率，反而会浪费人力成本。

虽然华为的这些关怀看起来很平常，但是把这么多种关怀都考虑到而且落实到位，却是很不寻常的，值得其他企业学习和借鉴。

## 高成长中小企业适用的综合激励方案

高成长企业，一般是指度过创业期，进入快速增长阶段的企业。这类企业规模通常几百到几千人，但知识型员工是其中的主力军。

与华为、BAT 等大型成熟企业相比，这类企业的财务实力和品牌影响力都不高，在吸引人才方面遭遇到很多困难。中小企业的管理者经常对我说：我们没有华为有钱，给不出高待遇，所以招人很难。仔细琢磨一下，你就会发现这只是一种片面的理解。华为早期也没有钱，但为什么能够找到像郑宝用、孙亚芳这样的高层次人才呢？

华为 1987 年成立的时候，是一家纯粹的贸易公司，通俗地讲，就是“二道贩子”，利用当时深圳的特区优势，赚取中间商的差价。

当时的华为代理销售过很多产品，包括消防器材、电子元器件等。一个偶然的机会，华为做起了电话交换机的生意。做着做着发现市场太好，产品利润很高且供不应求，于是便萌生了自己做产品的想法。

但是，交换机不是普通的产品，研发难度很大，华为尝试着找到几位工程师，研究了大半年也没什么结果。当时的项目负责人郭平（现任华为轮值董事长）就跟任正非说：“我有一位同学非常聪明，如果能把他挖过来，就有机会攻克难题。”任正非眼前一亮，就说赶紧把他请过来。郭平却说：“他现在已经考到清华大学做博士了，刚刚就读一年级，挖他的难度很大。”任正非说：“没有关系，我们试一下吧。”

很快，借着来北京出差的机会，任正非就去清华大学见到了郭平的这位同学。

见面之后，任正非介绍了中国通信设备市场“七国八制”的惨痛局面。中国市场被美国、德国、法国、日本、荷兰等 7 个国家的设备瓜分，各家的产品又很难做到互联互通。任正非接着说：“我来找你，就是想和你一起干一件大事，让中国人能够用上自己的产品，把世界列强赶出去。”

那个时代的年轻人都有很深的民族情结。任正非所讲的这种能够改变中国通信市场格局的梦想，打动了对面坐着的那位 25 岁的年轻人。他后来对我说，当时听完简直就是热血沸腾。

任正非接着又说：“你加盟华为之后，我直接任命你为华为的总工，负责整个企业的产品研发工作。同时，你的基本薪酬也可以享受公司的最高水平。”

他当场就接受了任正非的邀请加盟华为，这位年轻人的名字叫郑宝用。

郑宝用进入华为后，在不到两年的时间内，就在产品研发上取得了重大突破，让华为自主研发的产品第一次走上了市场。后来，他的师弟李一男接棒，把华为在 1998 年带到了国内行业第一的位置。

针对高成长企业，我们总结出五大差异化激励措施（如图 7-4 所示）。多管齐下，会收到比肩甚至超过很多大型企业的激励效果。

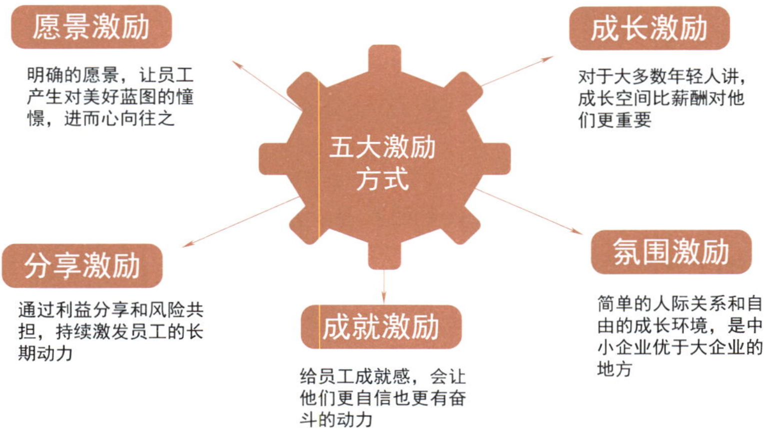


图 7-4　高成长中小企业的五大激励方式

## 愿景激励

阿里巴巴的愿景是“成为一家持续发展 102 年的公司”，华为的愿景是“构建万物互联的智能世界”。一家企业的愿景，是企业和员工共同的长期奋斗目标。一个清晰而激动人心的愿景，意味着团队中的每个成员都知道组织未来可能长成的样子，以及自己奋斗的价值和意义。

对于现代年轻人来讲，金钱激励的价值实在有限，企业对发展蓝图的描绘价值空前。前面的案例中，任正非首先给郑宝用描绘出了一个“中国的世界级企业”的美好愿景，让希望有所作为的年轻人既看到了施展才能的空间，也看到了梦想实现的价值，由此点燃了内心的激情和为之奋斗的动力。

这一点对于高成长的中小企业尤为重要。企业发展初期的实力有限,但想象空间巨大。如果企业提出的愿景既胆大包天又具备可实现性，对年轻人的激励作用就会非常大。

华为早期做校园招聘的时候，我们要求所有演讲者都必须把公司未来十年的发展蓝图给毕业生讲清楚。1998 年的诺基亚如日中天，我们在校招时就引用《经济学人》杂志的论断，把华为的明天比作诺基亚的今天。

任正非的很多讲话，看上去都像是一份份愿景宣言。刚刚过去的 2019 年 9 月 26 日，任正非在与国际顶级人工智能专家对话时就说过，“5G 只是一个小儿科，人工智能才是华为的未来”。

## 成长激励

国际著名咨询公司的研究数据表明，对于知识型年轻人而言，职业发展的空间和机会远比单一的薪酬激励更有效。即便我们没有像华为那样建立规范的职业发展体系，也至少需要向一些优秀的互联网公司学习，给员工设立管理和专业两个职业发展通道，并为员工的发展持续赋能。

当年任正非向郑宝用承诺任命他为总工程师，就属于一种成长激励。试想，一个 25 岁的年轻人，在成熟型企业里是不可能一下子就被任命为最高技术负责人的。任正非不是胆大包天，而是爱才如命、势在必得。

当时还有一段小插曲。郑宝用来到华为后，发现他这个总工程师下面只有两名工程师。郑宝用每每谈及这段往事的时候就会开玩笑地说：“我当年就是被任总这样给忽悠来的。后来想想也对，一个贸易公司，弄这么多工程师干吗？给你弄两个已经不错了。”

与成熟企业相比，高成长企业的优秀人才在个人成长空间上具有更大的优势。因此，建议这类企业对表现优异的年轻人可以提拔得更快一些，授权力度更大一些。

## 分享激励

分享激励是一种长效激励，也就是通过企业与员工分享长期利益的方式，让员工心态从“打工者”走向“合伙人”。

> 郑宝用到了华为之后，任正非不仅让他当上了总工程师，而且给了他当时即便在深圳也非常高的薪酬，每个月 500 元。30 年前，500 元的工资可不是一笔小数目。不过，任正非也提出了一个条件，那就是这 500 元工资不能一次性给，要分两笔，每个月给 250 元，剩下的部分年底一起结清。年底的时候，如果公司钱多，还可以多给点；如果公司没钱，就会给他一张白条，等公司成功后数倍奉还。这就是早期的内部股权激励。

在华为接下来的发展过程中，这张白条（股权激励的承诺）会时时激励郑宝用，让他加倍努力施展自己的才华。在帮助华为得到更好发展的同时，他也将白条的价值最大化地兑现。关于长效激励的价值，已经在第六章讲述过，这里只是借郑宝用的案例，再次回顾一下长效激励的作用。

## 氛围激励

氛围就是员工工作的环境。与成熟企业相比，高成长企业中官僚作风、圈子文化之类的恶习更少。官兵平等、制度透明的组织氛围，让员工感受到自己更受尊重、更被认可、更加自主，他们也因此会更积极、更主动地去发挥自己的才能。

近期，我接触了几家年轻的互联网企业，深切感受到与传统企业在组织氛围上的巨大差异。这些企业中，往往没有这总那总，人人都可以直呼其名。不仅如此，在管理层会议上，任何人都可以发表自己独立的意见，当彼此意见相左的时候，不论职位高低，都会争得面红耳赤，但最终又总能够统一到公司大局上来，形成基本一致的意见。

建议高成长企业充分发挥这种氛围的优势力量，吸引和激励有才华、爱奋斗的年轻人，并竭尽全力与企业成长过程中出现的官僚和腐败之风作战。

## 成就激励

成就感就是能够看到自己工作的意义和价值，从而产生出一种内心的满足和愉悦。沃顿商学院管理学教授亚当·格兰特曾经对从事电话服务的工作人员做过一系列的研究和试验。他发现，如果员工看到自己在工作中的成就，感受到自己工作的意义，那么他们的工作激情和工作效率就要高出很多。

在高成长企业中，由于人员相对较少，每个人几乎都能独当一面，甚至有可能会身兼数职。这样一来，个人价值就更容易体现出来。而企业和直接主管对员工工作业绩和能力成长的嘉奖和认可，就会让员工因“被肯定”而动力倍增。

华为认为，成就认可是一种重要的日常管理行为，因此在人力资源部之下设立了一个荣誉部，华为首任荣誉部部长由公司党委书记陈珠芳兼任，可见华为对奖励的重视程度。华为荣誉部职责之一是贯彻公司“小改进，大奖励”的精神，遵照“在合适的时间，利用合适的方式，奖励该奖励的事，奖励该奖励的人”的原则，建立和不断完善荣誉奖管理制度。

这里，我们举几个华为典型的荣誉奖实例与大家分享。

**案例一：明日之星奖。**

华为于 2015 年 3 月 25 日正式发布了《明日之星评选管理规定》。明日之星奖的目的是公司要鼓舞正气上升，让英雄辈出。通过组织各部门民主评选“明日之星”，激励员工践行公司核心价值观，持续艰苦奋斗。有人的地方就有模范，有人的地方就有英雄，人人均有机会获得“明日之星”的荣誉称号。

“明日之星”奖的人数：按照部门总人数 50% 的比例进行评选，各个区域的评选比例可以有差别。

“明日之星”奖的评选方式：民主投票，各部门组织选区全员进行民主投票，一人一票，当场计票，当场公布结果，选票当场销毁。

“明日之星”的奖品：发“明日之星”奖牌一枚，获奖信息记入员工荣誉档案。据说，“明日之星”的奖章委托巴黎造币厂[①] 制造。

① 巴黎造币厂诞生于 1864 年 6 月 24 日，是欧元的唯一指定制造商。

**案例二："蓝血十杰"奖。**

这是华为管理体系建设的最高荣誉奖。2013 年 11 月 29 日，董事会常务委员会就评选管理体系中"蓝血十杰"的事宜做出决议，以表彰对管理体系建设和完善做出突出贡献的、创造出重大价值的优秀管理人才。

2014 年 6 月 18 日，华为召开了首届"蓝血十杰"表彰大会，获奖者有在职员工，也有离职员工，还有咨询公司的顾问。这次颁奖典礼还邀请国内媒体观摩，会后任正非首次接受了国内媒体的集体采访。

**案例三："天道酬勤"奖。**

2008 年推出了"天道酬勤"奖。奖励的对象是在海外累计工作 10 年以上或在艰苦地区连续工作 6 年以上的国际长期派遣人员，承担全球岗位的外籍员工全球流动累计 10 年或在艰苦地区连续工作 6 年。

奖牌为水晶材质，印有那双著名的芭蕾脚，上书罗曼·罗兰的名言：伟大的背后是苦难。当年获奖人数仅有 17 人，次年有 15 人获奖，2017 年共有 656 人获得该奖项。截至 2018 年初，全公司共有 2847 人获得"天道酬勤"奖。

归纳而言，对于高成长企业，以上 5 种激励方式都能够发挥重要的作用。但从实际效果上看，5 种激励的全面采用比仅仅使用部分激励方式更好。因此，我们建议高成长企业从这 5 个方面来审视自己现行激励机制的系统性差距，并实施针对性的改善方案。

# 08

# 健康成长之道

## 让组织长期充满活力

惰怠，是人性固有的成分。任何行之有效的激励机制，都不可能一劳永逸。伴随着环境的变化、业务的转型、规模的扩大和年龄的增长，企业会不断遭遇新的挑战。人才管理，只有永恒的问题，没有终结的答案。企业生命不息，机制进化不止。

# 人是企业转型成功的首要因素

巨变时代，转型升级，已经成为企业长期成长的必由之路。然而数据显示，转型极其困难，只有不到 10% 的企业能成功。这里，我们以华为为例，看它是如何从 1987 年的 2 万元起家，历经沧桑变化，一步一步艰难地走过来的。

## 转型，是企业成长的必然规律

杰克·韦尔奇在《商业的本质》一书里有一句话：增长是王道。这就是说，企业必须不断增长，不能停滞。但是在成长过程中，企业一定会遇到各种各样的天花板。如果成长 10 年还没有达到行业领先地位，由于格局已定，你就很难再沿着老路实现超越，必须改变增长模式；如果你已经是行业领先者了，那就要问问自己领先意味着什么。如果市场份额很大，同样也会遭遇成长的天花板，突破也是必然。创业 10 年之后的 1998 年，华为核心业务的国内市场份额达到了 30% 以上，任正非一点都高兴不起来，因为必须要寻找新的业务增长点。

归纳起来，华为在 32 年中经过了三次重大的业务蜕变。

图 8-1　华为发展历程中的三次业务蜕变

### 第一次业务转型：从产品走向解决方案

什么叫解决方案？中国有一家床垫公司，人家不说自己是卖床垫的，而是叫“提供健康睡眠的解决方案”。这跟卖床垫有什么区别吗？区别就在于它不是从床垫这个产品出发，而是从改善消费者的睡眠角度来考虑问题：困扰你健康睡眠的问题是什么，哪一款床垫是最合适的，需要配什么样的枕头、灯光、音响，等等。消费者要的就是健康睡眠，而提供解决方案意味着你是围绕消费者需求来提供各种服务。虽然你自己只做床垫，而其他产品都是来自合作伙伴。

华为和爱立信在中国移动市场打了近 20 年，过去华为一直打不赢。调研之后华为发现，爱立信派了几位解决方案的专家，长期驻扎在中国，帮助中国移动制订业务规划和网络建设规划。人家帮着客户解决如何高效运营的问题，你就只提供几款产品，你能竞争过人家吗？不是产品比不过别人，而是客户价值上的巨大差别。能够解决客户的问题，才是客户真正想要的东西。20 年前，IBM 顾问用一句话唤醒了华为：解决方案就是用 10%~30% 的产品，来满足客户 100% 的需求。这条路打通之后，华为的市场空间就得到了大幅度的扩展。

### 第二次转型：从国内市场走向全球市场

很多人会说，华为的国内市场占有率太高，国际化是无奈之举。其实华为走向国际，还有一个更深层次的原因。华为的国际竞争对手都是整合全球资源来跟华为在中国本土竞争，而华为如果只有中国资源，最后必然会败在自家门口。比如，爱立信就把全球的利润放在所得税最低的地方，那么在哪里融资呢？在贷款成本最低的地区。为了拥有可以抗衡的竞争能力，华为就必须实现全球化运营。现在，华为在全球建设了数十个能力中心，核心算法研究中心在莫斯科，无线通信技术中心在瑞典，工程技术中心在日本，而软件工程中心在印度。只有这样，你才有资格跟人家竞争，让自己有机会脱颖而出。

第三次转型：从运营商走向行业客户，最后到终端消费者

过去几年，运营商市场增长乏力，爱立信、诺基亚举步维艰。但消费者业务不仅发展潜力巨大，也是华为“构建万物互联的智能世界”的用户基础。华为认为，如果没有终端业务，就没有办法获得对最终用户的切身体验。BAT 和小米等企业，都深知“入口”的巨大价值。

三次转型，任何一次都有可能把自己“转”死。那么，华为凭什么能够屡屡闯关呢？

## 人的思维转变，是转型成功的首要因素

现在，很多传统企业都开始拥抱互联网经济，或者从面向企业客户转为向消费者提供服务。比如，阿里巴巴从面向企业起家逐步转向面向消费者，腾讯也从面向用户开始转入面向企业。商业模式变了，业务运作模式就要跟着变；运作模式变了，组织功能也要跟着变。华为面向用户的业务，不能依靠原来面向企业的组织体系来支撑。其中，最关键的是人也要变，人的思维要转变，能力也要提升。华为刚刚进入消费者领域的时候，最大的挑战就是让大家理解面向用户业务中消

费者体验的核心价值，并获取从市场与营销、产品与研发到供应链管理的核心人才。

因此，企业转型成功，首先要变的就是中高层管理者的头脑，也就是思维模式（见表 8–1）。

表 8-1 华为三次转型中思维模式的变迁

| 华为的三次转型 | 旧思维 | 新思维 |
|---|---|---|
| 从产品走向解决方案 | 产品领先 | 客户价值 |
| 从国内市场走向全球 | 区域优势 | 全球卓越 |
| 从运营商走向终端消费者 | 管道为王 | 系统制胜 |

华为过去的思维是产品领先，现在注重的是客户价值。二者的差别很大。前者是“王婆卖瓜，自卖自夸”，后者是站在客户的角度想问题。在任正非的影响力和 IBM 顾问的帮助下，华为人终于想明白了：成就客户价值是成就自我的唯一正确手段。

很多公司总会说自己的产品比竞争对手强多少，这都没有用，营销的本质是能给客户带来多少价值。

华为早期是典型的本土狼，总是强调自己的中国特色，但是任正非的要求则是全球卓越。他在 18 年前就告诫大家：“一个企业需要全球性的战略眼光才能发奋图强，一个民族需要汲取全球精髓才能繁荣昌盛，一个公司需要建立全球性的商业生态系统才能生生不息。”在任正非的启发和华为系统的培养下，华为管理层的思维模式逐渐从“管理中国”走到了“管理世界”，为成为全球化企业奠定了思想基础。

华为过去的竞争思维是“赢者通吃”。早期与华为合作过的企业都深受其害，要么把你的人才挖走，要么把你的技术搞到手。这种见谁灭谁的策略，让华为失去了很多朋友。任正非及早发现了这个严重的问题，指出:“企业与企业之间的竞争，不是竞争对手之间的竞争，而是生态环境之间的竞争。”恐龙为什么灭绝?熊猫为什么濒危?就是因为无法适应生态环境的变化。企业生态与自然生态一样，都是共生共荣。

## 关键岗位的人才必须与岗位要求匹配

商业模式再新颖，组织形态再优秀，干活的人不行也是白搭。因此，选对关键岗位的人才就变得至关重要。

转型势必要面对新的市场领域或新的业务模式。这里，与大家分享华为转型期人才选拔中的 4 个成功经验。

### 杀鸡要用牛刀，选对新业务的领军人物

新业务刚刚起步，既没有规模又不赚钱，许多企业常犯的错误就是派几个能力一般的人去凑合。这样一来，本来的机会点极有可能葬送在这些“庸才”手里。对于公司的战略性新业务，眼前的规模虽小，但依然是“牛犊”，必须用“牛人”来担起重任!

> 2001 年，华为的中国业务已经饱和，增量极其有限，任正非索性就把中国区的业务高手悉数抽调到海外市场中，仅保留二流、三流的人才在国内。中兴通讯却恰恰相反，待后期中兴反应过来的时候，海外市场的格局已经产生了根本性的改变。
>
> 选择华为移动业务领域最高负责人余承东作为消费者业务负责人，也是出于同样的战略性考虑。余承东对华为文化的高度认同和久经考验的领导能力，让华为手机业务快速成长为世界第二位。

### 组建相对独立的战略突击队

领军人物之外，新业务无法快速成长的另外一个原因就是经常受到老业务管理体系的羁绊。新业务突破最关键的是“快”，而成熟业务更加看重的是“稳”。新业务如果按照老流程按部就班地操作，很有可能会错失发展的机会。

因此，新业务就要立新规矩，在规避风险的前提之下，给他们充分的授权和独立自主的成长空间。

华为的手机业务之所以可以快速发展，很大原因是因为余承东手中握有任正非的“尚方宝剑”，即他可以独立自主地确定手机业务的组织体系和考核激励机制，让大家奋勇争先，快速拿下与苹果、三星等对手竞争的阶段性制高点。

### 给予新业务领军人物一个试错的期限，不是一出问题就拿下

华为一般会给他们 1~2 年的试错期，只要事实证明不是人选错了，则一定会容忍开始阶段的逆境或失败。因为理解一项新业务需要时间。

### 注重人才的内外结合

越是新的业务领域，越要人才的开放合作。比如第一次进入国际市场或者电商领域，原来的人才都没有干过这个行当，这时候就需要从外部引入相关行业人才。

当年华为从有线通信业务向无线通信业务发展的时候，迫切需要射频领域的专家。这类人才究竟会在哪里呢？人力资源部提出了两个方向供用人单位领导参考：一个是曾经做过类似华为要做产品的单位，另外一个就是与华为产品所需关键技术最为接近的

单位。参照以上标准，目标很快就锁定在了合肥的中国电子科技集团第三十八研究所（以下简称“三十八所”）。

很快，我们就把三十八所的一位重量级人物朱元荣猎挖到手，再由他来牵头继续猎挖。这样的好处显而易见。一是他对老东家的“底细”很清楚，挖谁不挖谁、谁好挖谁不好挖一目了然；二是我们说华为好人家未必信，况且当年华为的名气还很小，但自己人说人家就会信。结果不到半年，我们就成功从三十八所猎挖到十几位重要人才。这些技术人才为华为无线业务的快速突破起到了至关重要的作用。

华为每次进入一个新的领域，无论是过去的数字交换机、之后的移动系统，还是近期的消费者业务领域，都是先通过各种猎挖手段获得该领域的顶级人才，之后再采取瞄准“七寸”、快速攻击的策略，在3~5年内获得市场的优势地位。

# 谨防未老先衰，杜绝官僚主义

## 回不去的创业时代

1996 年刚进华为的时候，我很幸运地在郑宝用手下工作。贵为公司二号首长的“阿宝”（郑宝用的昵称），没有丝毫的官架子。一天临近下班的时候，他问我会不会下围棋，我说还可以，他立马把我拉进车里直奔他家。才下了没几步，我就发现他的水平并不咋地，内心顿时纠结起来：真下还是让着下呢？最终，诚实战胜了虚伪。我不仅连赢三局，其中还有一局场面惨不忍睹。作为刚刚入职的新人，接下来的几天里我一直诚惶诚恐，对自己的“鲁莽行动”有些追悔莫及。

后来的事实证明，是我想多了，“阿宝”对我的善意始终如一。每每工作中遇到重大难题的时候，他最常说的一句话就是：“吴建国，我就是你身后的一堵墙，你只管拼命地往前冲，后退的时候有我在这里替你挡着。”在郑总身边的那段经历，让我终身受益。

20 世纪 90 年代的华为，大家都能感受到一种家庭般的温暖。当时的主管，几乎每周都要请下属吃饭，地点通常就在科技园办公楼下的几家小面馆。一般也就每人一碗“牛刀”（“牛肉刀削面”的简称），外加川北凉粉、拍黄瓜之类的几份小菜。大家吃的虽然寒酸，但饭桌上可以没大没小地随意调侃，胡乱闲扯，热闹的场景、豁然的心情，让我至今依然怀念。

2000 年华为搬到坂田之后，办公环境从“三星”跳变成了“五星”，流程化管理水平也长进了一大截，但大家交心相聚的时间却变得越来越稀少，过去的那段“美好时光”已经一去不复返。

## 公司壮大之后，经常会得哪些毛病？

按照组织理论，企业规模超过 300 人之后，大企业病就开始蔓延。因为症状太多，仅列举三种典型病例。

### 滥竽充数者众

企业规模小的时候，每个人都必须独当一面甚至独当几面，一旦“掉链子”立马就会被发现。企业规模大了之后，很多人一起干活，合唱团里假唱的人就很难被一眼看穿，出工不出力的现象就愈加严重。如果没有有效的管理手段，人均产出下滑会成为必然。

### “眼睛盯着领导，屁股对着客户”的现象增多

企业江湖里的“老人”都很清楚，忽悠客户不易，忽悠领导不难。因为领导爱听恭维话，哪怕明明知道是假话、套话，只要假得功夫到家，自然会收到比拼命干活更好的效果。当年一位下属就曾经一脸严肃地对我说：“吴总，我要给你提个意见。”随后便郑重其事地说：“你

一定要注意身体啊!”类似的经典马屁，听者往往会乐不可支。大企业里，一不留神，“马屁精”就会比“雷锋”爬得更快。任正非是个明白人，他经常警告下属:“千万别拍我的马屁，否则一定会拍在马蹄子上。”

### 互相扯皮，推卸责任

规模大了、部门增多之后，配合中的摩擦就开始升级。业务联系越是紧密的部门，扯皮现象就越严重，比如，研发部和营销部、营销部和生产部之间的矛盾就非常普遍。一旦出现问题，大家就会异口同声地回答:都是你（对方）的错,都是月亮惹的祸（客观原因)。长此以往，企业就培养出来一批高水平“演员”。他们的主要工作不是把活干得出色，而是琢磨着如何在领导面前“倾诉衷肠”或打小报告。

一旦犯了大企业病，官僚主义或者“公司政治”的威力就会显现出来。

其一，传话变得大有用途。随着团队人员的增加，领导对每位下属的工作会越来越缺乏了解。此时，传话的杀伤力就变得非常强大。不管是无意的指责还是故意的挑唆，都容易让领导信以为真。本来是你的失误，通过花言巧语，就可以轻易地洗脱并转嫁到别人头上。同事之间的关系也是如此。原本两位同事的合作关系如闺蜜般融洽，你只要稍微“插足”一下，经常唠叨几句某位同事对另外一位同事的负面评价,他们两位就很有可能渐行渐远。而作为第三者的你,可以获得“两边下注，双面得利”的效果，何乐而不为呢？当下的各种宫斗剧，呈现的正是这种“钩心斗角，尔虞我诈”的组织局面。

其二，选边站队成为必然。最近刚刚遇到一位从某著名企业辞职的高管，询问他辞职原因的时候，他直截了当地告诉我，刚到这家企业不久，有位领导就找他谈话，问他是否愿意与他站在一个战壕里共同进退。他委婉地解释说自己刚来不久，希望先了解一下具体情况后再做决定。没过几天，另外一位领导也来找他，聊的是同一个话题。他思前想后、左右为难，感到实在没法再干下去了，只好“拍屁股”走人。选边站队的道理也很简单：在法治缺乏的社会组织中，个人忠诚必然大于职业忠诚，宁可用一位对自己死心塌地的庸才，也不会用一位“六亲不认”的好汉。

其三，阿谀奉迎成为一门必修的艺术课。一般而言，官当得越久，位置越高，恭维话的效力就越大。权力能让一个人变得忘乎所以，神乎其神。即使你说他是乔布斯再世、德鲁克下凡，他也会深以为然。我曾经就试探过一位企业家，夸他的战略思维能力和领导力足以和任正非媲美。他点头认可的同时还不忘补充一句：“唉！只可惜我当初没有选择通信行业，否则未必会有今天的华为了。”

## 必须找到靠谱的治疗方案

既然官僚主义不可避免，危害又极其深远，那么，有没有解药呢？答案是肯定的。成功度过多次劫难的一些世界级企业，已经给出了以下可供参考的解决方案。

### 企业文化建设首当其冲

由使命、愿景、核心价值观三者构成的企业文化，如同空气净化器，可以有效去除组织中的乌烟瘴气，让权谋政治所形成的“雾霾”天气即使得逞一时，也很难持久并演变为主流。华为长期坚持“以客户为中心”，因此要求管理者用实际行动来践行这一核心价值，并将之作为干部选拔任用的首要标准。久而久之，企业主流的价值导向就成为任正非所提倡的“眼睛盯着客户，屁股对着领导”，衡量个人价值贡献的尺度也自然从“拍马屁水平”的高下转变成“为客户创造价值”的优劣。以著名手机企业 OPPO 来说，其核心价值观的第一条就是“本分”。如此一来，吹牛皮不干活，眼高手低、志大才疏、不做实事的现象就会得到有效遏制；认认真真做事、踏踏实实做人逐渐成为企业的主旋律。

### 管理者的领导力提升是关键

领导力涉及方方面面，这里主要强调一点，就是提升管理者的情感强度。拉里·博西迪和拉姆·查兰在其《执行：如何完成任务的学问》一书中对此有精彩的描述。管理者也是人，也有七情六欲，但必须保持基本的职业操守底线。当公司利益和个人情感产生冲突的时候，绝不能拿公司利益作为筹码来交换。常见的例子就是，如果某位下属犯了重大错误，根据制度必须撤职甚至辞退的时候，即使你俩感情深厚，即便此人曾经为公司立下汗马功劳，也绝对不能姑息迁就。反之，即使某位下属与你私交一般，甚至因工作产生过争执或冲突，但如果此人能力与业绩表现俱佳，那么该奖励的奖励，该提拔的提拔，这就是所谓情感强度。否则，再健全的制度，也会毁在这些制度的执行者手上。

### 制度透明 + 民主问责

企业大了，必须通过制度来规范，但又不希望因此走向“官僚与僵化”的另一个极端。此时此刻，制度的透明性就变得非常重要。当年在华为从事人力资源管理工作的时候，孙亚芳分享给我们一篇英国人写的文章《论程序公正》。大意是讲：人是具有复杂心理活动的高级动物，即使最终的结果公正，但如果过程不公正、不透明的话，也依然会被误认为领导在搞猫腻。举个典型的例子，假如你提拔了一位“德才兼备”的中层进入高层，从各个方面分析评判此人都是不二人选。但是，如果其他人不知道你提拔他的程序和标准，后果依然会很严重。其一，人们可能误以为此人是因“拍马屁”或裙带关系被晋升；其二，他们不清楚自己应该如何努力才能更好地成长，并因此迷失上进的方向和目标。

制度一旦透明了，员工就有条件成为制度的监督员。这时，企业要给他们充分发表个人意见和提出建议的机会。例如，IBM 作为几十万人的大企业，会允许普通员工通过首席执行官信箱上传表达他们的意见并获得反馈；谷歌、皮克斯等公司做得则更加到位。只有把制度建立在民主问责的基础之上，制度才能具有自我优化的生命力，并得到绝大多数员工的普遍认同和信服。如此一来，公司政治的生存空间就被挤压得更小，即使无法完全杜绝，也不会蔓延成灾。

谈到这里，或许有人会说，既然大企业有诸多的毛病，干脆就不要让它长大,做“小而美”的企业得了。主张“做小”的道理非常充分，船小好调头，自主与灵活的快艇式组织在迅速变化的环境中更容易生存。同时，小团队更加容易营造民主氛围，激活个体的创新思维。话虽如此，但我们断然不能否认大企业的比较优势。首先，深厚的专业技术和资本积累，让它们更有能力聚焦重大业务领域并取得创新突破。其次，强大的品牌声誉所产生的社会溢出价值，也让众多的中小企业望尘莫及。

到目前为止，如亚马逊、谷歌、苹果这样的世界级企业，依然都是大企业。因此，在可以预见的未来，我们的目标不是消灭大企业，而是在发挥大企业优势的同时，三管齐下来遏制所谓大企业病。正如 IBM 前任首席执行官郭士纳所言，通过基于价值观的领导和基于事实的管理，让一头大象也能够跳起舞来。任正非也说过，大的航母平台 + 小的战斗团队，来一场后方炮火强力支援下的“班长的战争”。

# 组织必须长期充满活力

2018 年，索尼首席执行官吉田宪一郎先生到华为来洽谈合作。吉田宪一郎对任正非说，我从我们创始人盛田昭夫先生身上学到了对企业家来说最重要的三件东西：一是忧患意识，永远保持危机感；二是谦逊，永远认为自己无知；三是长期主义。他问任正非，这三点是不是他成功的关键因素？

任正非想了一下说："类似，但我还可以再提炼两点：一是战略必须也只能大致正确，战略要做好有两个方面——对客户需求变化的洞察和对技术趋势的洞察；二是组织必须长期充满活力，这一点最难做到。组织没有活力就会走向死亡，这种企业不能长期为客户创造价值。"任正非对吉田宪一郎说："过去十年，我观察到华为最大的问题就是组织活力递减，这是我们面临的最大挑战，必须下功夫解决。"

## 致命的熵增："活下去"是企业的最高纲领

从 2011 年开始，任正非讲得最多的概念就是熵增定律——热力学第二定律。"熵"是指无序混乱的程度。熵增定律是指在一个孤立的系统里，熵一定会随时间而增大，从井然有序走向混乱无序，最终导致灭亡。

这是自然科学范畴的一条定律，但任正非说："自然科学与社会科学有类似的规律，企业发展的自然法则也是熵由低到高，逐步走向混乱，并失去发展动力的过程。因此，死亡是一个哲学命题，而活下去则是一个现实命题。"任正非说，前些年自己把"活下去"作为华为的最低纲领，现在他终于明白了，"活下去"是企业的最高纲领。

任正非对抗熵增的思路同样来源于自然科学，主要包括两条。

### 内生活力，抵消正熵

企业内部一定在不断增加正熵，所以我们可以做负熵运动，对抗熵增。这条思考源自物理学家薛定谔，薛定谔说过这样一句话："生命以负熵而生。"比如，运动属于在生理上降低身体的正熵，减少赘肉，加快代谢；管理学者陈春花每天坚持写作，罗振宇每天发 60 秒语音，都可以视为精神上的负熵运动。即便不断做负熵运动，只要个人生命体和组织生命体是一个封闭系统，也仍然无法抵抗正熵快速增加的趋势。

### 开放系统，远离平衡

这一点思考源自化学家普利高津的耗散结构理论。解决"熵死"定律，就不能做成封闭系统，必须靠外部压力或挑战来激活组织。企业国际化、组织生态化、向外部标杆学习，都属于建立开放系统的关键行为。

光有开放还不够，还必须远离平衡。企业发展到一定阶段会出现一种自满状态，比如业务做到行业领先、后面看不到竞争对手时，就会产生惰怠甚至腐败，这时就要想办法打破平衡。

为了让华为远离平衡态，任正非会不断寻找更高、更有挑战性的目标，告诉内部团队，我们做得还不够好，亚马逊、苹果、谷歌、

> 三星哪里做得更好；告诉团队山在那边，差距仍然巨大，必须从一个平衡态走向新的平衡态。从这个意义上说，这次美国总统特朗普给华为制造麻烦未必不是一件好事，甚至可以说他是华为继续成长的“倒逼师”。再比如，任正非在内部讲话里反复说，我们的价格绝对不能比爱立信低太多，因为不能让爱立信死掉，它死掉我们也会因为“轻松”而失去斗志。

根据以上两条对抗熵增的思路，任正非拿出的解决方案是人与组织的双螺旋。

## 对抗个人熵增：驱动奋斗

惰怠必然会发生，降低惰怠发生概率的方案就是驱动更多人去不断奋斗。这里的奋斗不是指物质上的艰苦奋斗，而是指思想上的艰苦奋斗，也就是追求卓越。比如，华为的激励全部建立在有挑战性的增量考核基础之上，无论是KPI还是OKR，总之都要有挑战性。永远没有最好，只有不断地去追求更好。

当然，一个组织中总不可能每个人都是奋斗者。华为内部也将员工分为三类：卓越奋斗者、一般奋斗者和惰怠者。惰怠者必须退出，因为他会产生大量正熵，对组织活力带来致命危害。

如何驱动奋斗，华为主要采取了以下两大举措。

### 建立以奋斗者为本的价值评价与利益分配机制

这里的价值评价不仅仅指业绩，还包括价值观和胜任力；利益分配体系也不仅仅包括物质利益，还包括成就认可和发展机会。华为从来不说以人为本，因为组织中既有“人杰”也有“人渣”，以人为本往往会沦为一句空话，所以弄清楚“以什么人为本”才是最重要的。华为就是要“以奋斗者为本”。

要做到以奋斗者为本，就需要不断调整资本所得与劳动所得的关系，华为在这个方面主要做了两件事情。

一是解决股权激励与“以奋斗者为本”之间的矛盾。股权激励和“以奋斗者为本”之间有着天然的矛盾，必须走向合伙人制。也就是说，法律上的静态股权一定要减少，尽可能用动态股权，可进可退，否则后患无穷。华为近些年一直在不断地减少静态股权的授予和收益。

二是解决外部环境与“以奋斗者为本”的矛盾。现在整体的大环境并不支持“以奋斗者为本”。比如，华为价值观的第一条是“以客户为中心”，但是，当今社会有两个特点是与“以客户为中心”的价值观相对抗的。一是以领导为中心，通过“拍马屁”发展自己；二是以自我为中心，不愿意与他人合作。在华为，“以客户为中心”和“以奋斗者为本”是干部选拔的基本要求。你在价值观这条主路上走得越远，就可以收获越多的利益，价值观（精神）最终转化成了物质。

### 建立“岗位轮换 + 循环赋能”的人才动态发展机制

轮岗是培养管理人才最有效的方案。轮岗和循环赋能是什么关系？一是轮岗会让你进入战略预备队进行战前培训，围绕新岗位的要求进行强化训练，不会让你“一上战场就死”。二是闭环式成长，不能让轮岗的人到新岗位上去打酱油，当参谋、助理不行，去了就是要能真的打仗。我当年做人力资源工作的时候，任正非觉得没有做到以客户为中心，就把我“发配”到内蒙古当最基层的客户经理，销售指标由我来背。经过 5 个月的锤炼，我才真正知道了什么叫客户，什么叫为客户创造价值。

## 对抗组织熵增：累积势能 + 开放结构

为了对抗组织熵增，首先就要不断累积势能，再不断地把势能转化为动能，以避免“熵死”。这方面，华为主要采取了以下三大举措。

### 将财务资本转化为人力资本

1998 年筹建华为大学一期时，华为的销售收入只有 50 亿 ~60 亿元，却敢拿出 10 多亿元来建立企业大学。

作为一名外企的销售干将，孙亚芳刚到华为的时候，任正非先让她花了大半年时间把华为销售体系的人才轮训一遍之后，再派她到前线去打单赚钱。这些都是不计眼前财务收益、投资人力资本的举措。

### 将财务资本转化为技术资本

华为过去一年的研发投入相当于联想十年的研发投入，目前华为在手机上的研发投入是小米的十几倍，这种差异就是势能的来源。随着时间的推移，这个势能的价值会越来越大。

目前，华为的研发投入位列全球高科技企业的第五位，华为的人效（人均产出）位列全球高科技企业的第七位。这两个数据都是非常惊人的。

近几年，华为的利润率一直保持在 7% 左右，研发投入差不多 1000 亿元。如果华为把研发投入降下来，收益率马上超过 10%。短期看似很好，但任正非坚决不干，因为这是一种强转化。很多企业看起来短期赢利很好，但没几年就死掉了，因为账上趴着的钱不能成为企业发展的长期动力。

## 将财务资本转化为流程资本

从1998年到2008年，华为与IBM合作了10年，直接咨询费用投入就超过20亿元。这些钱主要转化成了流程资本。华为构建了一套能力强大的系统。通过一系列的管理咨询项目，华为不仅把市场体系、研发体系和供应链体系等业务体系建立了起来，同时还把财务体系、人力资源体系以及作为支撑的企业信息化体系建立了起来。

再比如，2000年时我们统计过，华为一年的IT（信息技术）投入是深圳市所有其他企业IT投入的总和，也就是华为的IT投入占深圳其他企业的50%。但当时华为的工业产出对深圳的贡献不到20%。

累计势能之外，对抗组织熵增还需要开放结构。

从组织结构上看，开放依然是华为的弱项。华为不是上市公司，本来就有一定的封闭性，加上任正非一向低调，更加剧了这一点。但华为新确定的愿景是“构建万物互联的智能世界”，既然如此，华为就会全力做出改变，不断开放，打造共赢生态链。

但从对外合作的开放性上看，华为的做法非常值得借鉴。首先，华为利用合作提升自己的全球化专业能力。

> 华为的战略能力和组织能力为什么强？因为华为借助了全世界最好的人来帮助它。当年寻求人力资源管理合作时，全球前五大人力资源咨询公司，华为就请了其中的三家。
>
> 再比如，华为的工程中心在日本，因为日本的质量管理非常极致；射频技术方面，华为在瑞典建立了研究所；算法研究所在俄罗斯，因为那里有很多数学家；石墨烯研究所在英国；人工智能相关情报机构在硅谷……总而言之，华为就是在利用全球的资源提升自己的专业能力。

拿任正非自己来说，他大部分时间在国外，主要是跟全球最顶尖的人才互动，包括宏观政策、企业战略、业务发展、组织变革等。

其次，华为利用合作提升自己的全球化业务能力。比如，华为在欧洲市场曾与“对手”西门子合作。

最后，华为利用合作提升自己的全球化资本能力。比如，华为与国内外数家金融机构合作，致力于打造覆盖全球的融资系统。

这里，借用华为自己总结的一张图来概括华为的活力引擎模型（见图 8-2）。

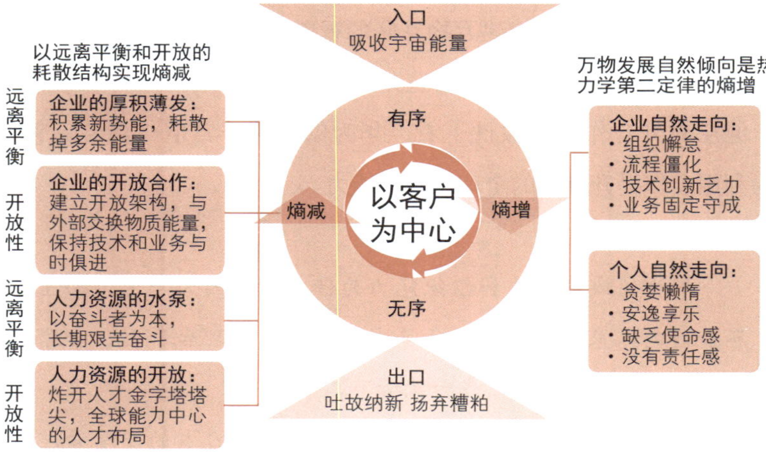


图 8-2 华为活力引擎模型

## 提升人力资本的投资回报率

如果你去问一家企业的领导者或者人力资源负责人：你们一年总共花掉了多少培训经费？你们上一年的招聘费用是多少？你们全年的人工成本及其销售收入占比是怎样的？他们要么可以直接告诉你，要么通过财务统计后给你一个大致靠谱的数据。

然而，如果你接着问：你们培训的实际效果如何？你们关键岗位需要招募的人员能及时到位吗？你们公司薪酬激励的回报率高吗？他们几乎都给不出一个像样的答案。

换句话说，现阶段，强化人力资本投入已经不再是中国企业的核心问题，能否取得成效才是关键。大把钱投进去有没有打水漂？答案基本上都是一笔糊涂账。

当然，计算企业人力资本的投资回报率很难。投资一只股票或者基金，我们可以快速预判它的大致收益率和风险。然而，如果让你投资一群人才，一是计算投资回报率的周期很长，一般至少要 3~5 年；二是将财务资本等其他因素的贡献剥离出去并不容易；三是人力资本回报的成分也相当复杂，既包含所谓有形价值（财务角度的直接收益率），也包含所谓无形资本的价值，比如该人才对企业商业无形资产的贡献（能力建设与知识产权）、对企业发展的间接贡献（建议采纳与决策支持），甚至还有对企业文化的贡献（核心价值观的示范与传播），等等。

正如哈佛商学院教授罗伯特·卡普兰先生所说，无法衡量，也就无法管理。有没有一些相对简单直观的指标，即便不够精确，也可以有效衡量企业人力资本的运营效益，从而帮助企业家和管理者找到自身的差距并持续改善呢？

答案是肯定的。优秀企业的长期实践已经总结出来一些行之有效的衡量指标。我把其中最常用的4个衡量指标介绍给大家，供企业朋友在自己的管理实践中参考使用。

## 企业员工的人均产出

企业员工的人均产出计算公式很简单，就是企业年度销售收入/企业年度平均人数。

一般而言，这个指标在同行业中的分位值（可以简单地理解为排名顺序）越高，企业的人力资本运营管理水平就越高。2018年，华为的人均产出约为380万元，国内同行的水平还不到华为的一半。

此外，从历史数据上看，这个指标是持续提升、基本不变还是逐渐下降，也可以大致判断这家企业人力资本运营水平的高低。以华为为例，1996年的人均产出为56万元，仅为国际同行的1/3，现在则做到了国际领先。

无论是采取新的商业模式还是向数字化、智能化转型，都在提高人均产出方面发挥着重要的作用。例如，电子商务的兴起，可以大幅减少销售门店和仓储物流部门的员工，而智能制造的未来就是所谓的“无人工厂”。

当然，会有人质疑，人均产出指标对于企业成熟的运营型业务没有问题，对于新业务领域就不合适。从严格意义上讲，如果评估企业各个业务板块人均产出，指标的适用对象就不应包含初创型的非成熟业务。但是从整个公司来看，这个指标依然基本有效。因为除非有特殊情况，在同一个行业中，新业务的投资比例会保持在一个大致相仿的范围之内。

企业若想持续提升人均产出，需要在以下 4 个方面重点下功夫：

- 商业模式的转型与升级——聚焦高附加值的业务。
- 流程与组织的持续进化——提高组织的运作效率。
- 员工能力和动力的提升——提高人员的单位产出。
- 先进技术与设备的采用——减少对一般劳动力的依赖。

## 人才成长速度

这个指标的重要性毋庸多言。人才成长速度既关乎企业发展的速度，也关系到员工成长诉求的满足。当下流行的“赋能”，就是在强化这个指标的价值。只是我们不能空谈赋能，也必须对赋能的效果进行评估。

人才成长速度的定义比第一个指标要难得多，但实践下来，对以下三个关键问题的回答，可以基本评判一家企业人才培养效果的高低。

**问题 1：你的关键岗位人才的胜任度如何？**

请挑选出企业的关键岗位（全新业务除外），如果其中 70% 以上岗位人才的胜任度评价为完全胜任或者基本胜任，则人才成长速度属于优良；如果仅有 20%~30% 的岗位人才胜任度评价为基本胜任，其他属于完全不胜任或者基本不胜任，则企业的人才成长速度就堪忧了。

问题 2：你的关键类人才的结构是否合理？

先选出企业最关键的 2~3 类人才，如管理类、研发类、营销类等。如果其中的核心岗位人才出现调整（含晋升、调岗、离职等），是否马上就有基本合适的人选可以替代？如果你的回答是大部分可替代，则人才成长速度优良；反之，如果大部分不可替代或者根本就无人可换，则表明企业的人才培养速度太慢了，需要高度警惕个别“牛人”居功自傲或拥兵自重，人才梯队建设成为当务之急。

问题 3：你的关键岗位人才引入的成效如何？

在中国企业普遍面临业务转型的大背景下，相当一部分新商业模式或新业务拓展人才无法从组织内部产生，比如电子商务人才、行业解决方案专家、新产品架构师等，都需要从企业外部获取。诸如此类关键岗位的人才，如果 3 个月内都无法到岗或者到岗后基本上留不住，则人才成长速度就属于低下；如果在 4~8 周内可以基本到位且平均留任期超过 12 个月，则人才成长速度属于上流。

当然，以上三个问题的解决并不容易。一般情况下，需要根据企业问题的具体症状，采取具有针对性的解决方案，在 3~5 年内逐步解决。

## 优质资本的流失率

人才成长的同时，需要关注“漏斗效应”——关键岗位人才的主动流失率。

我们建议把公司中 20% 左右重要岗位的清单列出来，每年统计其主动流失率（主动辞职率）。如果这个指标维持在 10% 以下，则企业优质人力资本的保留水平属于优良；如果大于 20%，则需要引起警觉，分析原因并力求改善。

一般而言，这个指标的恶化既和公司内部人才管理的水平相关，也和外部环境的变化相关。以华为为例，随着以 BAT 为代表的互联网企业的崛起，人才保留变得愈加困难。企业必须根据人才竞争态势的变化，动态衡量指标，及时调整对策。

## 员工敬业度

员工敬业度是一个人力资本投资成效的综合性指标。选用这个指标的依据是它与企业经营业绩呈正相关（见图 8–3），也就是说员工敬业度越高的公司，其长期业绩也会越高。

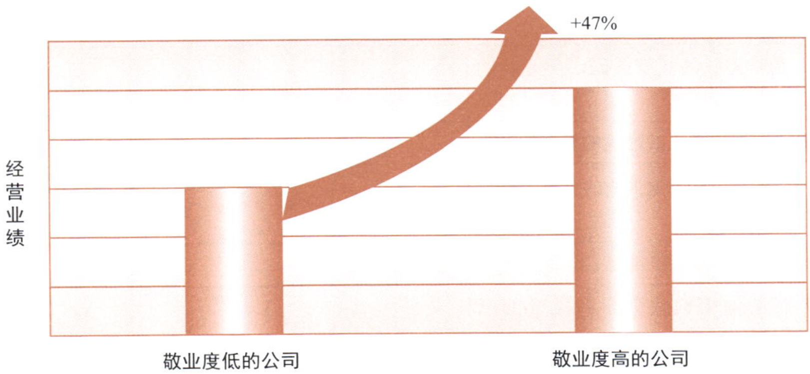


图 8-3 企业经营业绩与员工敬业度的关系

请注意，这里讲的是员工敬业度而不是满意度。员工敬业度是从员工与企业心理契约的角度来评估并发现问题。敬业度的英文单词是 engagement，就是订婚的意思。通俗地讲，员工敬业度高，则说明员工会发自内心地“以身相许”，投入更加饱满的热情和精力去完成工作并实现目标。

许多管理咨询公司会提供员工敬业度调查（表 8-2 是一个简单的样例），用人单位或部门了解之后选用一个大致合适的即可。

表 8-2 员工敬业度调查（样例）

| 问题 | 关联业绩指标 | | | |
|---|---|---|---|---|
| | 客户满意度 | 利润率 | 生产效率 | 员工保留率 |
| 1. 我知道对我的工作要求吗？ | √ | √ | √ | √ |
| 2. 我有做好我的工作所需要的材料和设备吗？ | | | √ | √ |
| 3. 我每天都有机会做我最擅长做的事吗？ | √ | √ | | √ |
| 4. 在过去的七天里，我因工作出色而受到表扬了吗？ | √ | √ | √ | |
| 5. 我觉得我的主管或同事关心我的个人情况吗？ | √ | √ | √ | √ |
| 6. 工作单位有人鼓励我的发展吗？ | | √ | √ | |
| 7. 在工作中，我觉得我的意见受到重视了吗？ | | √ | √ | |
| 8. 公司的使命会使我的工作重要吗？ | | | √ | |
| 9. 我的同事们致力于高质量的工作吗？ | | √ | √ | |
| 10. 我在工作单位有一个最好的朋友吗？ | √ | | √ | |
| 11. 在过去的六个月内，有人和我谈及我的进步吗？ | √ | | √ | |
| 12. 过去一年里，我在工作中有机会学习和成长吗？ | | √ | | |

遗憾的是，目前中国的大多数公司并没有做年度的员工敬业度调

查，导致既没有历史数据的积累参照，也没有横向数据的比较（至少可以做企业内部部门之间的横向比较），因此无法给出改善的建议。当然，如何让敬业度调查结果真实有效是一个技术性问题，这里不再详述。

敬业度调查的结果，就像是一份企业或部门的体检报告，里面会有多项指标。企业可以根据每个指标项的得分高低，以及与行业其他企业的比较，找到人力资本投资回报率改善的措施与建议。

例如，如果“在工作中，我觉得我的意见受到重视吗?”一项的得分值很低，则说明公司在“员工主动参与管理”上存在问题，改善公司文化氛围或提升相关管理者的领导力是最可能的发力点。

如果以上指标都能做到业内领先，会对企业长期发展带来哪些重大利好呢？结论就是，会让公司具有强大的市场竞争力。

其一，因为你的人力资本投资回报率高于同行，你就可以通过追加人力资本投资的方式，与竞争对手拉开收益上的差距。对于这类企业而言，对人才的高投资必然会带来企业的高收益，结果就是强者愈强。过去 20 年，中兴和华为的差距，就是这样被逐渐拉大的。

其二，因为竞争对手的人力资本投资回报率相对较低，它就会谨慎控制对人力资本的高投入。也就是说，一旦发现持续涨薪无法带来高产出，加大培训投资不会带来员工战斗力提升，则会有意限制在人才方面的投资力度。结果就是弱者愈弱。许多依然视“人才投资”为“人工成本”的企业，就是这样逐渐走向衰败的。

其三，因为一般企业自身的人力资本投资回报率较低，这些企业就会转而选择直接购买人力资本的方式（类似收购或兼并模式），而高端人力资本引入后的融合成本巨大，因此从长期来看，这项投资的总体回报率不高（短期价值可能会很高）。研究数据表明，除非特别情况（如重大业务转型、进入全新领域等），采取内部培养方式的长期投资回报率要高出外部获取数倍。

归纳而言。企业只有一条可行的长期发展路径——下苦功夫持续提升企业的人力资本投资回报率。看看国内的华为、阿里巴巴、大疆等企业，再看看亚马逊、苹果、谷歌这些国外企业，虽然业务性质和商业模式千差万别，但在长期维持业内领先的人力资本投资回报率并持续加大对人才投资这一点上，却表现得完全一致。

或许，大家还是存在种种疑惑。

第一个疑虑就是，如果战略或商业模式错了，人力资本投入照样会打水漂。这一点看似很有道理，但是战略也是由核心团队来制定的，除非是创业阶段，企业战略的制定或调整都需要集体智慧，否则在不确定时代难以长期保持战略的大致正确。更重要的是，战略失败，70% 以上的原因是无法有效执行。而执行与人的关系就太大了，选对了领军人物和团队，再配上恰当的激励机制，战略成功就是事在人为；而选错了人，再好的战略也将事与愿违。

第二个疑虑就是，在许多企业看来，人力资本在企业创造价值过程中的贡献率存在差异。很多劳动密集型企业或自然资源密集型企业，与高科技企业相比，人力资本的贡献占比相对会低一些。没错，对于这些企业，获得竞争优势的途径还有其他方面（如某些国企的资本优势和政策优势）。但是毋庸置疑，在知识经济时代，人力资本的价值贡献度总体呈不断上升的趋势，人力资本投资的马太效应（强者愈强，弱者愈弱）具有普适性。

# 附录

## 华为大学一定要办得不像大学

华为大学，作为华为员工与合作伙伴的赋能平台，其战略意义深远。尽管很多企业也建立了企业大学，但是绝大多数都达不到预期。华为大学运用需求导向、效果为王的产品思维建立高价值的培训体系，用强大的网络平台支撑全球化赋能模式，树立了中国企业大学的标杆。

### 华为大学的定位和组织架构

有位企业家曾经问我，办企业容易还是办企业大学容易？我的回答是都不容易。放眼望去，中国的优秀企业不多，但优秀的企业大学更少。作为华为大学早期的探索者之一，我深深地体会到了企业大学的创建难度：既要回归教育的本质，采取最有效的学习方案，实现知识和技能的快速吸收转化，又要紧密结合企业战略和现实场景，让学习与工作、学习与职业发展紧密地结合在一起。这两个方面的结合，可以直接拿来照搬的东西不多，更多的是在黑暗中摸索前进。

华为大学筹备于1998年，当时华为正处在国内市场的高速扩张期。在基础条件很差的情况下，公司把重点放在了新员工培训体系的搭建上。2000 年，华为从深圳南山科技园搬到了龙岗区坂田基地之后，硬件设施得到了巨大改善，与此同时，企业培训的重心也逐步向中高层干部领导力方向转移。

2005 年，华为大学宣告正式成立。当时，华为的业务正在大规模地全球化，国际化干部和专业人才队伍的培养均面临巨大的挑战，人才培养开始从草莽阶段向专业化阶段演化。华为大学应运而生。

## 华为大学的责任定位

任正非明确要求："华为大学一定要办得不像大学，你们要为华为主航道业务培育和输送人才，特色就是训战结合，给学员赋予作战能力，最终就是要作战胜利。"

在任正非的心里，华为大学就是要"赋能"华为公司文化建设—管理平台建设—关键业务能力成长，尤其是战略预备队的建设。"在文化思想上面，我们要建立统一的管理平台。以文化为基础，文化的上面是土壤，肥沃的土壤就是管理平台，业务是生长在这片土地上的能量。文化基础平台就是干部管理研讨班；管理平台是已有的管理，包括现在的系统变革，项目管理支撑，以及各体系的管理平台；业务就是冒出来的一个个山峰，山峰是可以独立的。"

能力培养方面，华为大学是一个教学交付平台，为教育的目标组织起优质交付，与各部门的"客户需求"相结合。"要以需求为中心，不以供给为导向，专职的教师队伍要适应需求的变化。教学平台要能跟得上需求的进步，教师可以在交付平台上去做各种专业的教学组织工作。"

综合以上要求，我们可以这样理解：华为大学的定位是基于公司战略，作为人才与组织的使能器，帮助企业输出两样东西，即一是更符合公司精神和价值观，以及能力胜任的人；二是更好地总结和提炼知识和经验。

因此，华为大学主要工作围绕三件事展开：传承文化；提升能力；总结萃取知识资产，助力公司持续商业成功。基于这样的定位，华为大学是以内训、客户和合作伙伴培训为主。

## 华为大学的管理架构

为保证华为大学的战略方向，华为大学与业务部门紧密结合，以需求为中心，建立了一个包括高层在内的架构和基于公司战略的运营模式。

> 任正非本人一直担任华为大学发展的“首席构架师”。在校董事会层面成立了指导委员会，任正非亲自担纲，三个轮值 CEO 做委员，规定每半年开一次会。然后又成立了校级行政组织，由需求拉动供给。对于华为大学的组织管理，任正非认为，“华为大学作为轻装子公司，要简化管理，独立核算，可以逐步实验去矩阵化的管理，首先要保证快速决策”。

基于“以客户为中心”的理念，华为大学并不追求完全的体系化和系统化，而是致力于响应业务需求。华为大学的核心业务围绕“文化传承”“管理能力”“专业能力”“项目管理能力”展开，其中文化传承是最核心的部分。华为大学的下层组织是四个核心能力系（管理能力系、专业能力系、项目管理系、新员工培训系）以及一个共享平台，这几个“系”都是赋能教育。

在此基础上，华为大学于2014年底重新调整了组织结构，在业务方面形成了相对灵活的“项目群”，依托统一的交付管理平台，以学习项目为核心，项目跟着业务需求走。一旦出现新的业务需求，华为大学就会随之建立一个项目群，保证对“客户”的灵活响应。正如任正非所说，“华为大学要依靠正确的机制，成为公司所必需的组织，并且滚动循环前进，从而走向顶尖”！

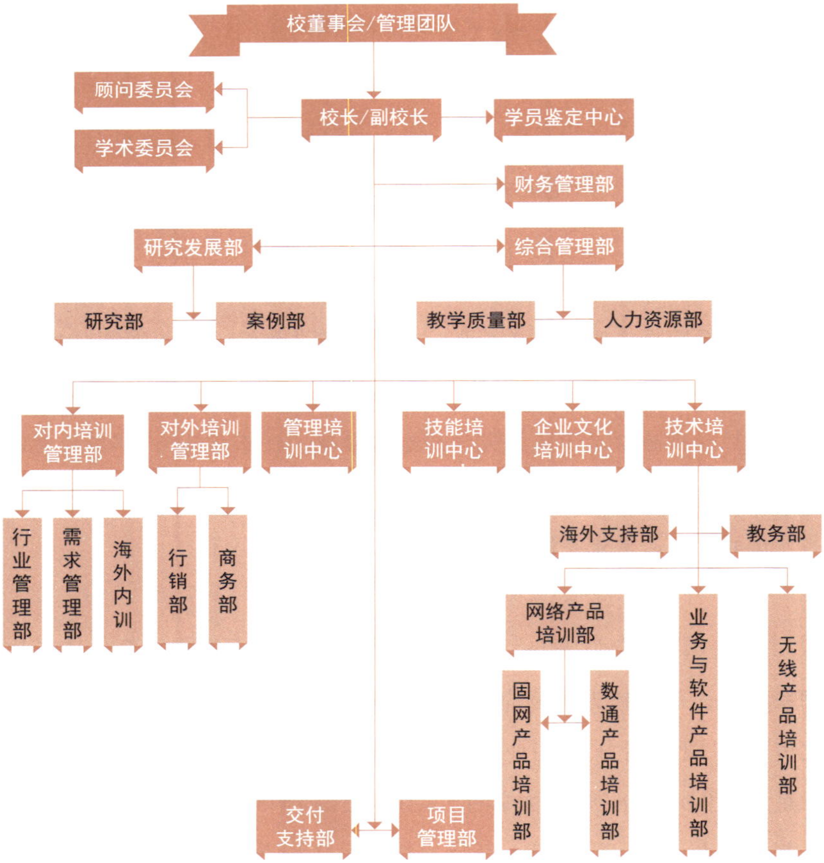


附图1 华为大学的组织架构

## 华为大学的权威来源

华为大学主要以赋能为中心，其教学模式就是要和“客户”需求相结合，这个“客户”就是片联[①] 需要培养的作战队伍。正如任正非所说：“华为大学不要担忧自己没有权威性，权威性在于你对干部未来的人生出路真实赋能和有推荐的权利。”

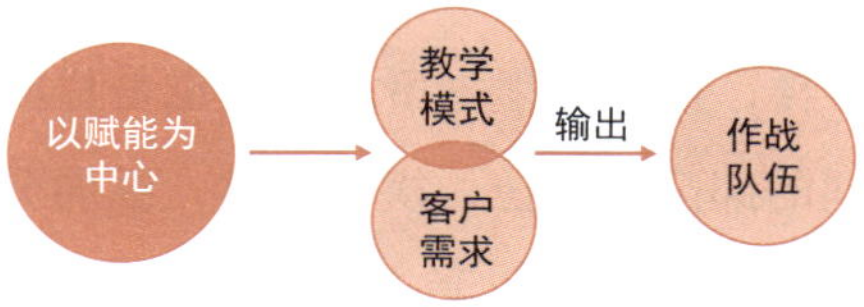


附图 2　华为大学的权威来源

第一，华为员工没经过华为大学的赋能，就不知道规范且高效率的现代工作方法，不知道表格怎么填，速度慢了就赶不上别人。所以华为大学就有了吸引力，大家交钱也要来。

第二，华为大学可以推荐 1/3 优秀学员给片联（总干部部），片联将这些优秀学员组合起来上前线。将来学员考试题目、答卷、成绩、自我评价等都要张贴到华为大学开放的网上。合理地评价和使用这些干部，干部的积极性就来了，就愿意到华为大学来镀金。

第三，华为大学的人才推荐体系则加速了员工的职业发展速度，其影响力自然就出来了。这是靠系统打造出来的人才培养策略，将华

① 片联，即片区联席会议。华为借鉴了美军为了适应现代化综合战争的需要，采用的参谋长联席会议的运作方式。2011 年，华为在全球市场的项目，特别是大项目已经发展到了比较复杂的阶段。在这种情况下，华为越来越需要一个组织从全球视野来进行资源协调和战略布局等，片联应运而生。片联被赋予的最重要责权是干部的选拔权、弹劾权、监督权和任命权。2018 年，华为成立总干部部，过去片联的职权划归现在的总干部部。

为的烙印深深地刻到了每一个华为人的身上。

对比一下，为什么很多企业大学形同虚设？因为有两个致命的问题没有得到解决。一个就是业务需求导向，没有真正做到我的产品就是你想要的。二是没有采取有效的方案来管理培训产品，做出来的东西效果不好，学归学，干归干，对实战的帮助很小。

## 像做产品一样做培训

与许多企业一样，早期的华为培训工作也是片面追求培训的体系化。针对公司不同的部门和岗位，横向分类，纵向分层，建立起了完整的培训体系，包括人才盘点、学习地图等工具的广泛实用。但是，随着业务的不断变化和发展，尤其是在市场环境和业务需求快速变化的时代，我们终于发现，大而全的做法根本行不通。往往在体系还没有完全设计出来的时候，需求已经发生了巨大的变化，因此必须要推倒重来。即便体系没有重大改变，但在具体落地执行的时候，调整优化的工作量也会很大。

鉴于体系化模式的弊端，华为大学开始改变思路，把人才培训的核心方法变革为项目制，即聚焦关键岗位和关键人群的加速培养。

> 每个时期，华为大学都会根据公司的战略导向和需求，识别出关键的岗位以及关键的人群，设计一些培训项目。华为大学的学习项目早已超越了传统培训的范畴，每一个学习项目都类似于管理咨询项目，不仅仅提供系列化的课程，还要进行项目交付和实施，对项目的最终效果负责。
>
> 华为大学视各公司、各部门为客户，其资深人士担任学习咨

询顾问。在与“客户”的对话过程中，“咨询顾问”会根据“客户”需求提供完整系统的综合性学习解决方案，提升关键岗位人员能力，助推业务发展。之后，学习项目经理负责整个学习项目的管理和运营交付。

所以，在华为大学，有一个非常关键的岗位——项目经理。他们在人才培养的相关岗位上有一定的专业经验，同时也熟悉项目管理的内容。华为大学把他们放到学发（学习发展）项目经理的岗位上，由他们牵头进行培训解决方案的设计和开发管理，同时对交付和运作进行监控。必要时项目经理会调用华为大学的专业资源，比如课程开发设计人员、案例写作人员，也会从业务部门抽调一些资源，共同组成学发项目团队。

华为大学的培训其实是一种选拔的手段。如果一个员工或一个管理者能够进入华为大学的人才培养项目中，这本身就代表了公司和业务部门对这个人的认可。

因此，华为大学的项目制就是产品经理制。从“客户”需求出发，到满足“客户”需求为止。很多企业都采用了所谓项目制的培训方法，我个人就参与过很多，如高层领导力提升项目、项目经理培训项目、后备人才培养项目等。但大多数没有真正按照项目制来有效运作，仅仅是换了个名字而已。华为的以下做法很有借鉴意义。

## 需求管理

学习项目的首要环节是学习的需求分析。早些时候，华为大学专门组织了一批专家研究提炼学习需求分析的方法论，形成了“商业需求、绩效需求、学习需求和学习者需求”的思维分析框架，从公司战略、业务绩效、学习途径、员工能力等方面对业务培训发展的需求进行综合分析。此后，华为大学的所有学习项目都基本遵循此框架进行需求分析的调研。

附图 3　华为大学项目制的需求管理分析框架

以中高层领导力发展项目为例，在需求发掘上，首先是要明确公司战略对中高层领导力的关键需求，再结合业务发展实际、目前管理者的领导力现状，以及最有效的学习成长方式，制订出有针对性的发展方案。

在华为国际化的初期，经过内外部专家的诊断分析，我们发现“全球视野”和“跨文化沟通”这两项关键能力是对中高层管理者的普遍需求，因此就会纳入必选课程。而针对性培养的课程，还需要与管理者自身的能力情况和职业发展方向结合，由此设计出最具针对性的培训解决方案。

## 项目制培训

培训发展项目进行立项之后，华为大学就会成立项目组，设计培训内容（业务领导参与），负责培训交付的实施，并对培训发展的内容与人力资源全流程进行对接。

我所见识的大部分企业大学，都会把新员工培训和管理类通识课程作为培训的主体。而在华为大学，即便是面向干部群体的管理场景的培训，培训内容中通用技能的占比也很低。华为大学主要是围绕华为领导者的最佳实践，比如，分公司总经理怎么做，经营改进怎么做，监管怎么做，变革怎么做，等等。这些课程都讲求实战性，能学能用。

开发课程的时候，华为大学通常会与业务部门组成一个联合项目组，协同实施方案框架设计、课程概念设计及材料开发。在这个过程中，业务主管或专家会输出一些课程内容，但大多难以直接作为教材。华为大学专家会像咨询顾问一样细化如下工作：识别关键业务诉求，协助规划赋能方案框架；组织专家共创，萃取专家经验；基于对学习科学的理解，发挥数字化学习平台优势，开发形式丰富的混合式学习方案，从而输出契合业务诉求、有更高效能的学习产品。

附图 4　华为大学项目制培训的课程开发流程

目前，华为大学主要承担公司级学习项目，不涉及各部门的专业和技术培训。公司级学习项目具体涵盖管理类培训、项目管理培训、企业文化培训等几个方面。

第一，以管理能力和领导力提升为核心的管理人员学习项目：干部高级管理研讨班、基层管理者全球培训项目（FLMP[①]）、人力资源业务合作伙伴（HRBP）赋能项目、国家供应链主管训战[②]项目等。

第二，以项目经营与管理能力提升为核心的项目成员学习项目：销售项目经理资源池作训项目（三大战略预备队之“将军池”）、后备干部项目管理与经营短训项目（简称“青训班”）等。

第三，客户界面的专业能力提升学习项目：解决方案资源池培训项目（三大战略预备队之“重装旅”）。

第四，以价值观为核心的文化培训项目：新员工入职引导培训项目、外派人员跨文化管理学习项目等。

第五，其他：考试咨询与认证项目、外派人员岗前培训项目等。

下面，我们以三个具体项目来分析和探讨华为大学究竟是如何做的。

## 后备干部项目管理与经营短训项目

从 2014 年开始，华为试行全项目制管理，项目管理由此成为华为公司最基本的组织细胞。任正非说：“美军从士兵升到将军有一个资格条件,即要做过班长。将来华为干部资格要求一定要是成功的项目经理，有成功的项目实践经验。”

---

① FLMP，first-line manager leadership program 的首字母缩写，2015 年该项目更新为 FLDP（first-line manager development program 的首字母缩写），直译过来是“从骨干（个人贡献者）到管理者的转身”，我们称之为基层管理者全球培训项目。该项目的培养对象大多是从业务部门专业骨干中选拔出来的，且刚刚进入基层管理岗位。

② 训战，即训战结合，是任正非自己提出的概念，大致意思是：将培训与作战结合在一起，培训的内容和形式都是为了提升队伍的战斗力。

“项目管理做不好的干部，去管理代表处和地区部就是昏君。”因此，华为以项目管理为主线去培养后备干部。

“青训班”的参训者是将来可能要成为一线干部的后备人才，以打通端到端项目管理和经营为主要培训目标，为公司未来以项目为中心的管理体系奠定基础。因此，青训班培训不是简单的通过课堂授课，而是一个完整的赋能系统，包括网络自学、课堂演练、项目实践和结业答辩等环节。附表 1 是青训班的基本操作流程。

附表 1 “青训班”的基本培训流程

| 赋能环节 | 概 述 |
| --- | --- |
| 网络自学 | 学员利用华为教育平台提供的工具和课程内容，通过网络自学，初步掌握项目管理的基本环节和关键理论知识点 |
| 课堂演练 | 利用 5 天时间，采用一线真实案例，模拟组建项目管理团队进行模拟训练。模拟项目由讲师进行辅导点评，最终达到“训练完就能上前线打仗”的效果 |
| 项目实践 | 完全“脱岗”到真实的一线战场，把模拟项目交付到实际中进行实践，运行两个月时间。每个学员在这个项目管理过程中都要承担一个关键角色，并尽量安排学员的跨岗实践 |
| 结业答辩 | 实践全部完成后，学员参与结业答辩和评估。结业成绩由人力资源部门备案，作为后期岗位晋升的参考依据 |

“四位一体”的系统性赋能，打磨出了一大批基层后备干部的优良种子。

### 基层管理者全球培训项目

华为现在有 19 万员工，中基层管理者的队伍也非常庞大，因此，对他们的培养必然是华为大学的一个核心项目，这个项目简称 FLMP。

项目参与者之前只是个人贡献者，现在则变成了团队领导。对他们个人来说，这次转身的成功与否，可以说决定了他们以后的管理生涯是否顺畅。对公司而言，这些人是华为的基座，如果没有这些基层干部，华为的中高级干部就很难诞生出来。像现在我们知道的余承东等帅才，都是从基层一步步地干上来的。

对于这些志在未来成为“将军”的华为人来说，仅靠业务的项目管理赋能是不够的。一名合格的基层管理者，不仅会“管事”，还要会“管人”。正如 FLMP 项目负责人在 2014 年华为大学项目荣誉奖评选宣讲会上讲到的：“点燃这 1.5 万基层管理者的内心之火，就意味着通过他们可以点燃所有一线员工！” FLMP 的赋能环节如下：

附表 2　FLMP 培训流程

| 赋能环节 | 概　述 |
|---|---|
| 自学与考试 | 学员通过自学初步了解管理理论及相关知识点 |
| 课堂集训 | 基于公司对基层管理者的要求，培训课程包括基层管理者角色认知、团队管理、绩效管理、有效激励和公司人力资源管理政策，转换学员思想，为学员植入管理意识和观念 |
| 实践检验 | 在岗实践 5~6 个月，同时采编管理和文化案例，通过具体实践固化行为 |
| 述职答辩 | 思想和业务双重过硬的“班长”可以通过考核答辩，而答辩成绩可以作为新任干部未来晋升和进一步培养的依据 |
| 持续学习 | 推送 FLMP 知识管理平台和学习地图，方便学员在岗学习 |

第一步，自学与考试。华为在几乎所有的学发项目中，第一个环节都是员工自学，同时要对自学进行考试。如果你考试不合格，不允许进入下面的培训环节。在 FLMP 中，这个环节主要是在 E-learning（数字学习）平台上进行一些基础管理理论的教学。通过自学，让你对什么

是管理、如何管理团队、如何管人等建立初步的认知。

第二步，课堂集训。最初是到华为大学集训，现在因为华为的员工人数非常多，于是集训由华为大学跟区域联办。比如，有些在海外回不来的管理者，或者外籍的一些基层管理者，就可以在指定的区域集训。集训的内容，更多的是基于公司对基层管理者的要求，梳理出一个角色模型。这个模型主要包括基层管理者的角色认知、团队管理、绩效管理、激励，以及公司的人力资源管理政策等。

> 集训的课程都非常接地气，包含了大量的案例，也会给大家输送一些方式、方法和工具。这些方式、方法和工具都是华为在具体的管理实践当中总结出来的，也就是“仗”该怎么打。还有一些课程讲授的是人力资源的知识。华为一直倡导各级管理者是人力资源管理的第一责任人，所以华为通过集训的手段，也向各级管理者传达这样一个理念。通过短短几天的集训，并不会让个人贡献者马上做到很好的转身。但是，首先把一个火苗植入这些管理者的思想中，从火苗变成一个火炬，星星之火就可以形成燎原之势。

第三步，实践检验，即在岗实践 5~6 个月。第二步集训之后，就要在实践中应用所学知识。通过实践案例的采编和写作，华为大学来审视他们是否真正掌握了所学习的知识，重点是具体用了什么、用的效果如何。同时，这些案例也会进入公司的案例库。

> 这一步其实非常重要。绝大多数企业的基层管理培训，基本上就是脱产的课程学习。学习的内容既系统全面也聚焦重点，但

效果却不好。主要原因在于，没有对学员学成之后在工作中的应用提出具体要求，全凭学员自觉。结果就是只有极少一部分人回到工作中主动思考和应用，大部分人则基本不用。学习理论告诉我们，技能类的培训学完之后不立即使用，基本上都会忘记，培训的钱基本上也都白花了。

第四步，述职答辩。答辩的过程主要考查两个方面：一方面考查思想，重点是考查华为的核心价值观。华为要的不仅仅是同路人，还得是同心人，是能够长期跟公司走下去的管理干部。另一方面就是考查业务，重点是在带领团队实现业务目标上要有自己的心得和实践。

许多企业的管理者培训，大多采取知识考试的方式，检验学员究竟听懂了多少、记住了多少。但是，管理技能是一门实践性很强的手艺，不能只考核学到了什么，应该重点考核用上了没有、用的效果如何。因此，华为答辩的重点就是“学以致用”的过程和结果。

第五步，持续学习。在答辩之后，这个项目并没有结束。E-learning平台会持续向他们推送学习内容。因为一个培训项目更多的是树立思想观念，种下一颗种子，而持续的管理改变需要通过不断的学习来实现。同时，学员通过持续学习知道了公司对于学习的导向，出于对自己成长的负责，他们也会主动地到 E-learning 平台上寻找相应的课程，随时随地提高自己。

### 干部高级管理研讨班

不同于基层管理者“训战结合”的培训方式，华为对于高层

> 管理者的培训更注重“理论收敛”。“在金字塔尖这群人，最主要是抓住方向。”干部若想成长为真正的“将军”，并进一步成为领袖，就需要有大视野，要从“术”上的先进跨越到“道”上的领悟，进而在商业、技术模式上有所创造。为帮助中高级干部实现由“术”向“道”的转变，公司规定每位高级干部都必须参与华为大学的干部高级管理研讨项目，简称“高研班”，也称为华为的“抗大”（全称为“中国人民抗日军政大学”）。

高研班的主要目标不仅是让学员理解并应用干部管理的政策、制度和管理方法工具，更重要的是组织学员研讨公司核心战略和管理理念，深刻领悟公司管理哲学和核心价值观。和一般企业大学的做法不同，华为大学的高研班向每位参训学员收取2万元的学费，学费由学员个人承担，目的是为了让每位参训学员增强自主学习的意识，而且不经过高研班培训的干部不予提拔。

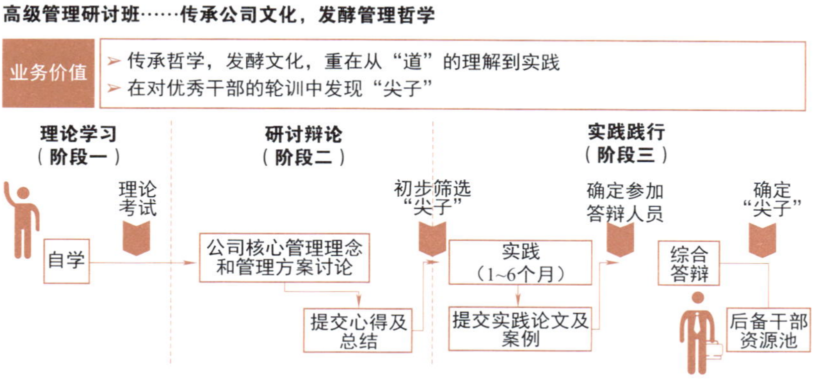


附图5　干部高级管理研讨班培训流程

高研班的第一个阶段是自学，第二个阶段是研讨，第三个阶段是实践。内容框架如附表3所示：

附表3 高研班培训内容框架

| 赋能环节 | 概述 |
| --- | --- |
| 自学 | 发放《人力资源管理纲要》《业务管理纲要》《财经管理纲要》，学员在入学之前需自学这三大教材的理论内容 |
| 研讨辩论 | 每位参训学员要经历三次研讨。他们会围绕三大教材，先组内讨论，再全班讨论与“吵架”。课堂没有老师，只有引导员。引导员由公司高层担任，只点评，不讲课 |
| 论文答辩 | 撰写至少一篇真实发生的案例作为结业论文，强化对理论学习的现实分析与应用 |
| 深度发酵 | 学员将自己的案例和心得发布在华为大学建立的案例平台“管理视界”上，推送全公司的管理者进行讨论 |

这三个阶段是在一年或一年半的周期内分阶段完成的。每一个阶段都有一定的时间让大家进行研讨和总结，学员要提交一些案例和心得。最后通过答辩确定一些“尖子”，这些人会进入高级干部后备资源池中。公司选拔更高级的干部时，就会从这个资源池中甄选。目前，每年进入高研班的学员约1000多人。

## 学习效果与绩效评估

按照国际标准的柯式四级评估体系，华为大学的培训赋能效果主要从反应层、学习层和行为层三个层面进行评估。

反应层评估方面，华为大学的班主任在每门课程学习后都会组织学员填写课程满意度调查问卷，一方面对讲师与课程满意度进行评估，另一方面收集学员的建议进行后续课程优化。

学习层评估方面，在学习项目的开始前、进程中和课程结束后均会安排考试，不同学习项目的考试设置时间不同，视项目具体情况而定，以此激励学员学习并评估知识掌握情况。

行为层评估方面，除访谈和问卷调查之外，各项目组会经常同人才管理部门和业务部门的同事进行沟通，参与学员训战“出池答辩”，以评估学员在实际工作中的思想和行为的变化，以及对业务部门的贡献程度。例如，在战略预备梯队人才资源池培养项目中，实战培养阶段的学员导师会向华为大学提供学员在数月工作实践的行为表现报告，并通过“出池答辩”共同评估。

我们也必须承认，对学习效果的评估具有相当大的不确定性，所学知识在实践中的应用效果也会受多种其他因素影响，难以做到精确测量。因此，华为大学并没有把主要精力放在学习效果评估上，而是将其放在学习需求分析和课程开发过程中，遵循训战结合的指导思想，让项目的规划与设计环节密切贴近实战，使学员接受完培训即可去一线战场打仗。通过持续地努力，华为大学的学习项目得到了业务部门领导的广泛认可，许多学员也主动申请回炉参加二次甚至三次培训，实现了人才的循环赋能。

## 华为大学的激励机制

### 华为大学的讲师结构

华为大学的讲师队伍由兼职讲师和专职讲师构成。华为大学更强调兼职讲师，理由只有一个，他们离业务最近，内容最具实战性。延安“抗大”的成功是教师队伍的成功，毛泽东等高级领导人都是“抗大”的老师。教师一定是最优秀的，才能培养出更优秀的人。人生的优秀可能只是短短的一段，只有把这段优秀的经验输出出去，培养第二个、第三个、第 N 个优秀的人才，才能为企业创造更高的价值。任正非说：“要找会开航母的人来教开航母，不然就触礁了。”

华为大学训战结合的模式，要求讲授的内容与实际工作的内容一模一样，这就决定了教师队伍要建立循环机制。“抗大”就是教师的循环、教员的循环，而不是做一个清华或北大的终身教授。师资队伍要强调每个人的时段，人最优秀的是哪段就输出哪段。

兼职讲师一般来自各级管理者、技术骨干和对培训感兴趣的员工。对于缺少实战经验，但口头表达能力很强的讲师，任正非要求他们深入一线进行实践锻炼。任正非说：“我们大学的老师很多人不知道场景，讲了半天合同公式是脱离实践的。你没有登过喜马拉雅山，你不知道喜马拉雅山的基站安装之艰难。华为大学不是有钱吗？学员当了项目经理，华为大学的老师来做做你的助理，自己带干粮、带饭票，还不增加业务部门的成本。来了听学生给你讲讲场景，老师可能很快就明白了，水平也就提高了，讲的东西也就能符合实践了。”

教学相长，是华为大学的另外一道风景线。许多教授基础课程的老师对业务的理解相对不足，但很多学生却有可能是某个领域的业务专家。当老师的时候，不同业务部门走出来的学员就是自己很好的业务老师。

我刚刚离开华为的时候，经常被华为大学聘去做讲师，给华为客户的高层授课。经过多次的授课实践之后，我对这些客户的业务和管理有了更深刻的理解，之后在给他们所在企业提供管理咨询服务的时候，针对性更强，效果也更好。

除此之外，华为大学还有一小部分的专职教师，而不是自己上“战场”的教师。华为大学兼职为主、专职为辅的教师队伍，很像洛桑国际管理学院。洛桑国际管理学院总共只有三四十位核心教授，却能办成欧洲知名的管理学院，这种混合式教师队伍在其中发挥了很重要的作用。

## 华为大学的激励机制

### 尊重版权

讲师首先要有著作权（版权）。著作权开放后，其他人可以在此基础上改版，但改版时一定要注明原创作者和引用出处。将来，拥有著作权的讲师在写自传的时候，可以写自己的原创课件或文章曾经产生过什么样的社会价值。像国家版权管理一样对讲师的作品进行著作权管理，这也是一种莫大的精神激励。

我读研究生的时候，特别看重自己的论文被引用的次数，以及被哪些人引用。这就是关注自己著作权社会价值的行为表现。

记得 2019 年 8 月，阿里巴巴前首席运营官关明生在给我们讲课的时候屡次提到他早年的一句话：“今天最好的表现，是明天最低的要求。”这句话已经写入最新版本的“阿里文化纲要”中，他的自豪感溢于言表。

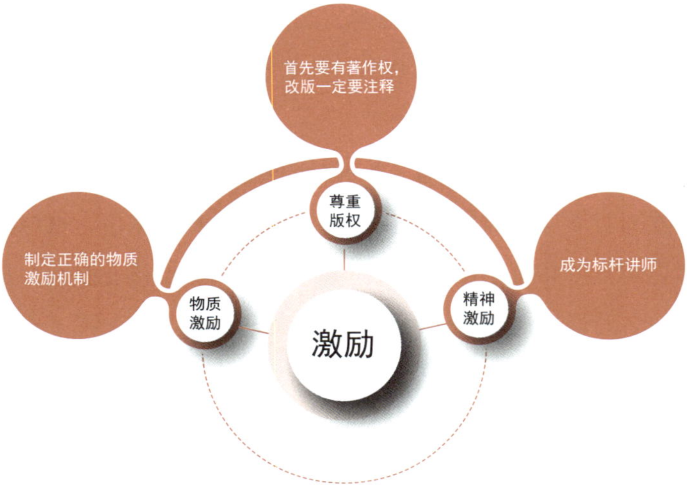


附图 6　华为大学的讲师激励机制

### 物质激励

华为建立了一个正确的获取分享制，来撬动“最优秀的人培养更优秀的人”。获取分享制，就是指任何组织与个人的物质回报都来自其创造的价值和业绩。作战部门根据经营结果获取奖金，后台支撑部门通过为作战部门提供服务分享奖金。

华为大学作为支撑部门，讲课也需要冲上山头，冲上山头之后就会有相应的回报和奖励。同时，华为大学有一套讲师评价体系，优秀讲师会在全公司进行公示。

另外，华为大学专职教师的职级、工资、配股等，总体沿用华为的大平台机制，与人力资源管理、财务管理等属于同一个大体系。

### 精神激励

讲得好的标杆讲师有了影响力、形成了威望以后，也可以当更高的领导。黄埔军校就是如此。当年黄埔军校的教官，后来很多也都成了国共两党的将军。

此外，华为对讲师还有各种荣誉性的奖励，包括每年教师节的慰问感谢信等。

但是，我个人最大的体会是，作为一名光荣的兼职讲师，最大的非物质激励就是自己激励自己。通过高质量的授课，你为企业做出了更大的贡献，也赢得了学员们的尊重。

> 1998 年，我被评为华为公司级的优秀讲师，获得了任正非颁发的“教书育人奖”。记得当时奖金只有 350 元，外加一个奖杯。这个荣誉奖的奖励额度虽然很小，但对我一生的影响却是巨大的。因为它让我既发现了自己讲课的潜质，也领悟到了教育对企业的价值，从而最终选择了管理咨询的职业道路。

如何激励兼职讲师，业内一直存在很大的争论。许多企业认为，必须要高课酬才能吸引优秀的人才来讲课。还有一些企业认为，讲课属于管理者和专家应尽的职责，象征性地给一点补贴就可以了。

其实，以上两种观点都存在误区，华为的做法值得大家借鉴。一方面，公司根据授课水平的高低，在职位报酬之外给予一定的课酬，会鼓励兼职讲师不断提升自己的授课能力，为组织的人才发展做出更大贡献。另一方面，公司也不会把课酬作为讲师激励最重要的手段，毕竟单从经济收入上看，这些兼职老师的职位收入已经很高了。

因此，对讲师最大的激励，一是源自公司对管理者和专家提出的人才培养要求，你不担任兼职讲师，将会大大影响自己职业发展的前程；二是源自职业人的基本操守，既要为本岗位做出贡献，也要为组织的发展做出贡献，还要为社会创造价值。

## 基于互联网的教学平台

任正非期望华为大学建立强大的网络教学平台："将来的网络教学平台可以像展厅的体验中心一样，哪方面的点击率会比较高，我们就把内容及时推送到前端服务器去，员工晚上闲了就可以自行学习。"

华为大学通过建设网络平台，把企业教育覆盖到了组织的每一个末梢。整体的培训生态从供应方已延伸到组织、客户以及海外的每一个办事处或办公地点，组织中的每一个人都可以实时地上网来学习。培训方式包括面对面学习、网络化学习和日常学习。

目前，华为大学总体学习时长的 60% 是通过 E-learning 实现的。华为对 E-Learning 的需求源于自身庞大的组织规模。华为在很多的海外区域，比如阿富汗，一年就招 1 个新员工，将他们全部集中到华为大学深圳总部培训成本较高。因此，华为大学借助 E-learning 这个虚拟教室

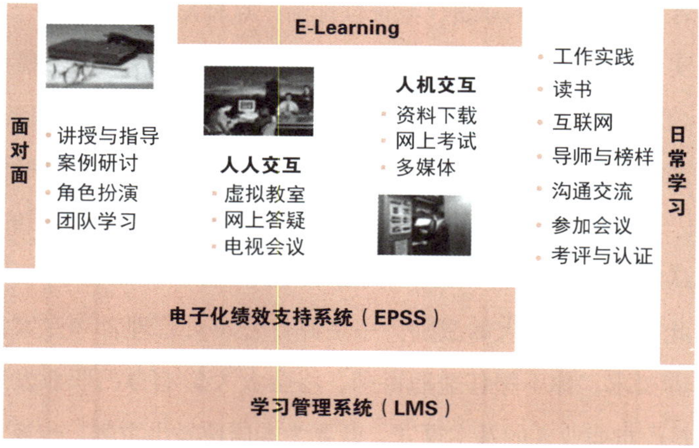


附图 7　华为的 E-learning 网络学习平台

做文化引导，可以接入 40 多个国家的新员工。华为大学在 E-learning 学习的网课也积累了 2 万多门。对华为而言，除了员工赋能之外，通过互联网进行多层面的培训对企业的发展还有其他帮助：促进硬件产品的市场竞争力，促进网络产品的迭代升级，并良性推动了国内 IT 认证。

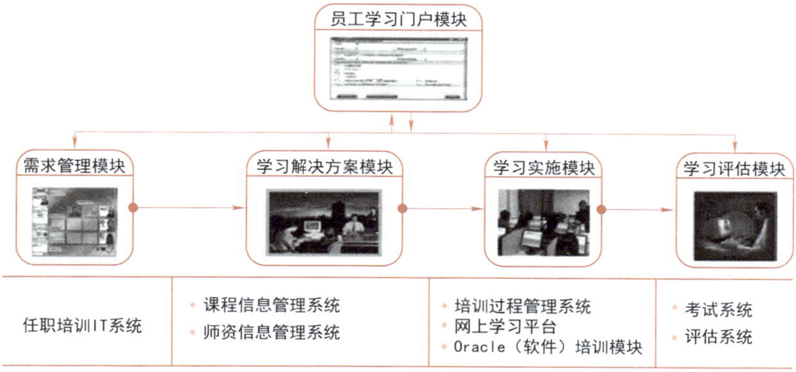


附图 8　华为的自主学习门户

## 数字化转型

华为大学已经有了一个明确的共识——学习方式会被数字化颠覆。与其被颠覆，不如主动颠覆自己。华为大学在过去两年坚定地走向了“让所有的训练通过数字化技术来使能”的革新之路。当然，数字化不是单纯将课程视频搬到网上，而是充分将华为大学对组织经验萃取及教育赋能的专业经验，与最先进的数字化技术（包括云化、多媒体、大数据等）相融合，用恰当的方法，让赋能对组织能力提升发挥最大的效能。

## 学习数字化：MOOC + SPOC

在现在的学习当中，华为大学大量使用了 MOOC（慕课）和小规模个性化在线课程（small private online course，SPOC）。这里的 MOOC 不是简单地把视频放到线上，而是经过专业的课程设计，结构化地整合学习视频、讲义，参加测验，参与讨论，输出作业，参加结业考试，获得证书。而 SPOC 是对 MOOC 的必要补充。

以某学习项目为例，首先，华为大学会先安排一个前置的 MOOC，全球成千上万学员都可以参与 MOOC 学习。在某地区部门开课时，学员集中在教室上课的同时，也身处一个线上的虚拟班级 SPOC 中——华为大学会根据课程的需求开放虚拟班级的权限，精准匹配与该课程相关的员工。现场交付集训、演练的时候，许多分组演练结果会被直接上传到线上班级平台，共享给全班乃至更多的人。集训中有价值的业务讨论产出都会通过该过程全部留存下来，并被重新编辑纳入新的课程。

此外，当集训结束后，学员可以继续停留在虚拟班级里，一边实践，一边不断共享经验形成新的学习内容。对华为大学而言，班级的概念已经不是物理上集中在一起，而是虚拟集中在一起。

MOOC 以知识传授为主，解决“知”，通过在线的方式，激发学员学习意愿，跟进进度，在短时间内以极小的边际成本实现大批量员工赋能。

如近期交付的某在线课程，面向 6000 多个目标学员对象，根据平台积累的数据分析学员的学习习惯，形成用户画像，精准推送，让学员愿意进来学习。学员进来后，华为大学又会基于学习数据，根据学员不同的学习进度采用社群、邮件等形式，让学员愿意学下去。

这个课程，没有借助行政力量硬性要求，只是通过这些运营活动，一个月就吸引了 4200 多人进来学习，2500 多人完成学习、考试、讨论、作业，并取得证书，人均学习时长 200 分钟。整个过程仅有华为大学一名专业员工即可完成运营。

当然，一个新业务能力的构建绝对不是一段线上阅读就可以解决的。通常，华为大学会在 MOOC 之外，再加上 SPOC。SPOC 聚焦实战研讨、演练，帮助“能”。SPOC 课程会对准学员工作中的实际业务场景，以大量的案例研讨、沙盘演练、复盘报告为主。

### 线上课程开发：易于编辑，方便共享

由数字化平台本身的先进技术带来的便利性，华为大学可以在非常短的时间内输出 MOOC 或 SPOC。目前学习平台上有近 2000 门 MOOC 和 SPOC，包括视频、讨论、考试、行动计划等结构化课程。这些大多是华为大学架构师、设计师自行创建的，无须任何信息技术人员协助。同时，公司的业务专家简单赋能后也可以很便捷地自行创建在线课程。在平台上，开发者能根据学习者需求，方便地调用其他课程的内容片段组合成为新的课程，并实现课程的快速迭代。灵活易用的可编辑性、内容片段的可共享性，极大地释放了业务专家总结和传承经验的能力，也大幅提升了课程创造与共享的效率。

### 技术手段 LVC

华为内部还有一个非常好的技术手段——LVC，这是一个虚拟教室系统。这是华为自己开发的系统。因为并不是所有的教学活动都适合放到 E-learning 平台上，面授其实是一种不可或缺的手段。LVC 也是

为了解决教学效率的问题，它只是把课堂换了一种形式。大家通过远程接入，老师在虚拟教室当中授课，这样比 E-learning 自学的效果好很多。

这几种技术手段的结合，形成了国际最先进的混合学习方式。

## 学习技术的发展：由在线学习升级到移动学习

华为大学倡导“技术变革学习”的理念。与许多公司不同，华为大学很少从外部购买标准化的学习技术和学习系统。作为一家以高科技起家的公司，华为不乏科技研发基础。华为大学成立了学习技术开发项目团队，为各学习项目提供个性化的学习技术解决方案，主动变革学习模式，以案例为中心，让实战实用的学习随时随地按需发生。

比 E-learning 更进一步，华为大学学习技术团队实现了移动学习。在互联网“从台式机转移到口袋”的趋势背景下，华为大学结合移动互联网技术，开发了 iLearningX 应用程序，通过平板电脑、手机等移动终端使学员实现随时随地的学习，真正成为“员工指尖上的大学”。任正非提到，“将来项目合同都可以移动互联了，教学更应该允许移动互联”。如今，iLearningX 已成为公司内部员工统一的学习平台。华为员工无论身在何方，无论什么时间，都可以便捷地通过计算机或移动终端接入 iLearningX 进行学习。

经过十多年的艰苦实践，华为大学已经成长为任正非提倡的“人力资本增值的目标优先于财务资本增值的目标”的重要载体，兑现了华为先有人才、再有业绩的长期承诺。

附表 4　华为 iLearningX 平台的基本功能

| 基本功能 | 简介 | 应用案例 |
| --- | --- | --- |
| 学习管理平台 | 支持公司全球在线学习管理、课程交付流程管理和学习档案及数据报表统计分析等业务 | 新员工培训项目全球交付管理 |
| 考试系统 | 管理公司考试资源，支持试卷开发、学员在线考试和成绩评阅，并在考试时禁止切屏，以防止作弊 | 网络安全考试 |
| 直播课堂 | 实现远程教学和在线直播，连接不同地理区域的学院，同时支撑 2000 人以上在线实时观看 | 财经大讲堂：首席财务官（CFO）孟晚舟讲座全球直播 |
| 学习专区 | 将网课、考试、文档、直播课堂等学习资源组合起来进行主题学习，学习社区中学员可互动留言 | 学习专区 |
| 案例平台 | 支持案例上传发布、传播分享、互动评论等功能 | “行政之家”案例专区 |
| MOOC | 基于学习心理学和工作场景的数学模型，以视频形式为主，辅以测试、作业、考试等多种学习活动，提供全程的服务支持和跟踪管理 | “客户拜访与沟通”课程 |

# 后记

## 从华为人才管理到“明日之星”

根据我多年管理咨询的体会，无论是正在崛起的新生代企业还是转型之中的传统企业，在人的管理上都是良策不多，能力有限。前者我称为“生瓜蛋”，后者我谓之“牛车汉”。

由此带来了一连串的后果，简单归纳为“六不”：引不进、选不准、用不好、长不快、调不动、送不走。人的问题无法解决，企业的长期发展也就无从谈起。蜀中无大将，必然会被魏国灭掉；大将还不能太少，必须要良将如潮；光有将才不行，士兵也很重要；有了将士还要聚成合力、消除惰性、砍掉“废材”。

万般焦虑之下，大家自然会四处去寻找解药，但药吃了不少，病却没见好转。

每次和企业家交流，大家总是会扯出以上话题。因为需求实在太大，导致“门诊”忙不过来，只能择其极少数而漏掉一大半。思考之后，我感觉需要写一本人才管理的“科普”书籍，让更多的企业朋友了解标杆企业是怎么做到的，以及自己究竟该如何做才能减少“六不”。

这就是本书的写作初衷。

两个月的时间成书，本是件不可为的事情，好在 2019 年 6 月中旬在“一书一课”App（应用程序）上线的视频课件，已经把这本书的内容讲了过半。这里，要感谢樊登读书会的田莹女士及其同事们的倾力支持。

中信出版集团经管社的主编张艳霞女士，从读者的视角对本书的框架结构和核心内容给出了许多专业的建议，从而加速了本书的撰写过程。在此，我也要感谢张女士及其团队姜一鸣先生、范虹轶女士和梁明月先生的全力配合。

本书与学术无关，算是我这20多年管理实践的一些心得提炼。书中的内容主要源自我在华为的工作经历，离开华为从事管理咨询工作后与数百位企业家的思维碰撞，以及和我们公司伙伴们的反复切磋。借此机会，我要对所有帮助过我的家人、友人、同事表示衷心的感谢。没有你们的长期信任和鼓励，我就不敢把这些成果公开。其中，基业长青的吴海媚顾问协助我收集资料，并负责书中部分章节初稿的撰写，她的辛劳付出和重要贡献不可忽略。

华为，已经成为我心中抹不去的记忆，但同时，华为已不再是我未来研究的重点。我现在聚焦的是那些“明日之星”，也希望在未来20年里，能够看到更多世界级的伟大企业。

将来若还有作品出版，主要为它们而写。

吴建国

2019年10月8日于深圳办公室